Die Rezepte der Lady Macbeth

ELISA DE LUIGI
FRANCESCO ATTARDI ANSELMO

Die Rezepte der Lady Macbeth

SHAKESPEARE UND VERDI IN DER KÜCHE

AUS DEM ITALIENISCHEN VON HINRICH SCHMIDT-HENKEL

 Eichborn.

Francesco Attardi Anselmo lehrt Musikgeschichte und -ästhetik an der Städtischen Musikschule von Mailand. Er ist außerdem als Dirigent in Italien und im Ausland tätig.

Elisa de Luigi studierte Klavierspiel und Gesang. Sie unterrichtet am Konservatorium »Giuseppe Verdi« in Mailand.

Gemeinsam hat das Ehepaar Francesco Attardi Anselmo und Elisa de Luigi bereits das Kochbuch »Festmahl für Papageno. Italienisch Kochen nach Mozarts Zauberflöte« verfaßt.

AN DEN LESER

Shakespeares *Macbeth* ist eine der beeindruckendsten Tragödien der gesamten Theatergeschichte. Sie handelt von Machtstreben, Ehrgeiz und Grausamkeiten, Intrigenspiel und Zauberwesen. Das Drama hat Schriftsteller und Komponisten inspiriert, aber auch Filmregisseure wie Akira Kurosawa, Orson Welles und Roman Polanski.

Das Thema stammt aus alten schottischen Chroniken; es ist die Geschichte eines Mannes, der zum Opfer seiner Maßlosigkeit und seines Machtstrebens wird. Die eigentliche Hauptperson ist allerdings nicht Macbeth selbst. Überhaupt sind die Männer in diesem Stück schwach. Sie werden getötet wie Duncan und Banquo; Macduff, der zwar entkommt, verliert durch seine Feigheit Söhne und Gattin, die er zurückgelassen hat; Macbeth, der Usurpator, wirkt bisweilen wie ein verunsicherter kleiner Junge, gebeutelt von unablässigen Gewissensbissen, später auch Halluzinationen. Eigentliche Triebkraft hingegen ist seine Frau, die diabolische Lady Macbeth. Hart ist sie, höchst ehrgeizig, ebenso faszinierend wie erschreckend. Den ersten Anstoß zur dramatischen Handlung geben die Hexen, indem sie den Keim des Ehrgeizes in Macbeths Herz pflanzen, und die Göttin Hekate schließlich verfügt den Untergang des zum Schreckensherrscher gewordenen Generals.

Zweihundertfünfzig Jahre nach Shakespeare wählt Giuseppe Verdi, der zu diesem Zeitpunkt gerade 33jährige, bereits durch seine Oper *Nabucco* berühmt gewordene, italienische Komponist, 1846 dieses Drama als Vorlage für eine neue Oper. Der theatergemäße, höchst effektvolle Bau des Stücks fasziniert ihn, und er widmet sich der Aufgabe intensiver als irgendeinem seiner Werke zuvor. »Der *Macbeth* wird etwas Großes«, wußte er schon während der Kompositionsarbeit, und er schuf ein Werk, das bis heute das Publikum durch seine dramatische Kraft fesselt.

Für unser erstes Buch mit musikalisch inspirierten Rezepten, »FESTMAHL FÜR PAPAGENO«, hatten wir uns von Mozarts

Zauberflöte anregen lassen. Wie man weiß, war Mozart ein Mann von Geist, und er hat uns diesen Gebrauch seines Werkes gewiß verziehen. Dem *Macbeth* ein Kochbuch zu widmen, einem Drama, in dem Ströme von Blut fließen, mag gewagt oder gar zynisch wirken und eine Vielfalt blutrünstiger Rezepte befürchten lassen. Die Küchenkunst kann ja in der Tat recht drastisch sein, denkt man an im Ganzen gebratene Spanferkel oder an Hummer und Langusten, die lebend ins kochende Wasser geworfen werden. Doch keine Angst!

Mit diesem Kochbuch tauchen wir in zwei Welten, setzen wir zwei Genies miteinander an einen Tisch, Shakespeare und Verdi, wogegen Verdi als großer Bewunderer des englischen Dramatikers sicher nichts einzuwenden gehabt hätte.

Wir verflechten Shakespeares Schauspiel mit Verdis Oper, vermählen die elisabethanische Welt mit der italienischen Musik- und Küchenbegeisterung, und so existiert in unserem Kochbuch »Lasagne Verdi« neben dem »Stratford-upon-Avon Pork Pie«, einer Verbeugung vor dem Geburtsort des Dramatikers. Wir bieten »Hexenkroketten« mit Pilzen und Meeresfrüchten, die »Königskrone«, einen Hefekranz, und viele andere »unschuldige« Rezepte mehr, daneben aber auch, entsprechend der blutigen Vorlage, einen »Blutpudding«, wie er in manchen Nationalküchen Europas heute noch bekannt ist.

In der Darbietung all der Köstlichkeiten folgen wir dem schon in unserem »FESTMAHL FÜR PAPAGENO« bewährten Prinzip, indem wir uns von Figuren und der Handlung der Oper zu den verschiedensten Rezepten anregen lassen und diese dann zu einem Festbankett zusammenstellen, das italienische wie internationale Spezialitäten bietet, traditionelle wie eigens entwickelte Gerichte, die sich alle für die häusliche Küche eignen. Aus dieser Fülle kann sich jeder nach Lust und Laune ein Menü komponieren, sei es für ein Dinner bei Kerzenschein zu zweit oder für ein Gastmahl großen Stils.

Wir hoffen nun, daß Giuseppe Verdi vom Musikerhimmel aus unser Kochbuch mit Wohlwollen betrachtet – schließlich stammt er, unser größtes italienisches Operngenie, aus der Emilia-Romagna, dem Land der Lasagne und Tortellini, des Lambrusco und des Aceto Balsamico, der Mortadella und des Parma-Schinkens.

6

PERSONEN DER OPER

MACBETH, Feldherr des Königs Duncan – Bariton
BANQUO, ebenfalls Feldherr des Königs Duncan – Baß
LADY MACBETH, Macbeths Frau – Sopran
KAMMERFRAU der Lady Macbeth – Mezzosopran
DUNCAN, König von Schottland – Stumme Rolle
MACDUFF, ein schottischer Edler – Tenor
MALCOLM, Duncans Sohn – Tenor
FLEANCE, Banquos Sohn – Stumme Rolle
EIN ARZT – Baß
EIN DIENER Macbeths – Baß
EIN MÖRDER – Baß
EIN HEROLD – Baß
HEKATE, Göttin der Nacht – Stumme Rolle
DREI ERSCHEINUNGEN – Knabensopran

Außerdem: Hexen, Abgesandte des Königs, Schottische Edle und Flüchtlinge, Mörder, Englische Soldaten, Barden, Luftgeister, Erscheinungen.

Als Hinweis auf den Schwierigkeitsgrad der Zubereitung verwenden wir folgende Symbole:

♪ Einfaches Rezept

♪♪ Mittelschwieriges Rezept

♪♪♪ Aufwendiges Rezept

Wenn nicht anders vermerkt, beziehen wir uns im Text auf Verdis Oper; Zitate stammen aus der Übersetzung von Georg Göhler. Bei Hinweisen auf Shakespeares Tragödie geben wir in Klammern Akt und Szene an; hier zitieren wir aus der klassischen deutschen Übersetzung von Dorothea Tieck.

OUVERTÜRE

Den Auftakt zu Verdis *Macbeth*-Oper bildet sein »Preludio«, die hier »Vorspiel« genannte, kurze *Potpourri-Ouvertüre*, in der prägnante musikalische Themen der Oper anklingen, gewissermaßen als Hors-d'oeuvre.

Kriechend und unheilverheißend erklingt das Hexen-Motiv, das Verdi unisono mit Oboen, Klarinette und Fagott instrumentiert hat; bald werden wir es wieder hören, wenn zu Anfang der Oper die Zauberweiber um den dampfenden Hexenkessel herum ihre teuflischen Riten vollziehen. Wie zur Vertonung ihres heimtückischen Kicherns fallen rasch und stichelnd die Geigen ein.

Unvermittelt hereinbrechende, kompakte Akkorde der Blechbläser beenden diese diabolische, musikalische Einleitung: Erbarmungslos wie das Beil des Henkers scheint das Schicksal über Macbeth zu kommen. Inmitten dieses machtvoll-energischen Motivs, das uns im dritten Akt wiederbegegnen wird, in der Szene der Erscheinungen, irrlichtern grelle Sturmblitze, deren Hauptakteur die Pikkoloflöte ist, das kleinste, aber durchdringendste Instrument des Orchesters.

All dieses jedoch ist insgesamt nur eine Vorbemerkung, denn das Hauptthema der Ouvertüre ist jenes aus der großen Szene des Nachtwandelns von Lady Macbeth, in der die furchterregende Frau mit weit aufgerissenen Augen in die Schwärze ihres eigenen Gewissens starrt und es ihr nicht gelingt, die nur ihr sichtbaren Blutflecke, Sinnbilder ihrer Verbrechen, sich von den Händen zu waschen.

Die Nachtwandel-Melodie, die sich mit dem heftigen Bläserthema abwechselt, ertönt in ergreifendem, expressivem Geigenspiel, hie und da von kurzem Zusammenzucken unterbrochen, und zeigt nicht nur, wie Lady Macbeth im Schloß schlafwandelt, sondern suggeriert auch das Mitleid, das sie in ihren Zuschauern erregt, der Kammerfrau und dem Arzt, die ihre Herrin seit Nächten beobachten. Nach dem musikalischen Höhepunkt dieses Themas verabschieden sich die Geigen; darunter erklingt noch ein Arpeggio der Klarinette, und die Oper kann beginnen.

Ein Vorspiel wie dieses, welches in rascher Folge verschiedene Themen anklingen läßt, wird *Potpourri-Ouvertüre* genannt, ein Begriff, den die Musikterminologie aus der faszinierenden Welt der Küche entlehnt hat und der seinerseits auf die spanische *Olla Podrida* zurückgeht, ein Gericht aus verschiedenen Fleisch- und Gemüsesorten, die lange miteinander köcheln und sich zu einem köstlichen Eintopf vereinigen. So liegt es nahe, dieses Rezept aus der spanischen Küche als Ouvertüre unseres Buches zu verwenden.

POTPOURRI-OUVERTÜRE ♪

FÜR SECHS PERSONEN: *80 gr getrocknete Kichererbsen, 100 gr Roher Schinken am Stück, 1/2 Suppenhuhn, 100 gr spanische Wurst (Chorizo, ersatzweise grobe Salami) am Stück, 200 gr Suppenfeisch vom Rind, 100 gr durchwachsener Speck, 1 Markknochen, 1 Schweinsfuß, 1 Schweinsohr, eine Handvoll Hühnerlebern, 2 Hühnerfüße, ein kleiner Bund Petersilie, 1 geschälte, mit einer Nelke gespickte Zwiebel, 3 Stengel Staudensellerie, 3 Karotten, 6 Kartoffeln, alles mundgerecht zugeschnitten, einige Knoblauchzehen, Salz.*

Die Kirchererbsen über Nacht (10-12 Stunden) einweichen. Schinken, Huhn, Wurst und Rindfleisch in mundgerechte Stücken schneiden, den Speck fein würfeln und mit allen anderen Zutaten in einen geräumigen Topf geben (traditionell wird ein Tontopf verwendet), mit Wasser bedecken und salzen. Zum Kochen bringen und drei Stunden lang sacht köcheln lassen. Die Brühe in einem Suppentopf als Vorgericht, Fleisch und Gemüse als Hauptspeise servieren.

Wie in anderen typischen Gerichten aus der Arme-Leute-Küche, die zu kulinarischen Ehren gekommen sind, finden sich in der Olla Podrida schlichte Stükke wie Innereien neben traditionell eher zu festlichen Gelegenheiten verwendeten Fleischsorten wie dem Huhn. Hierzulande weniger gebräuchliche Teile wie Schweinsfuß und -ohr oder gar die Hühnerfüße verleihen dem Eintopf Gehalt und Geschmack; man sollte nicht auf sie verzichten. Natürlich gilt bei diesem Gericht wie bei anderen, die aus einer Vielzahl von Zutaten entstehen: Man nehme, was man hat und mag. Würze kommt vom scharfen Chorizo; wer den nicht hat, pfeffert nach oder läßt eine kleine Chilischote mitköcheln (je länger, desto schärfer!). Statt der getrockneten Kichererbsen lassen sich natürlich vorgekochte aus der Dose verwenden (ca. 200 gr, 10 Minuten vor Ende der Kochzeit zugeben).

Erster Akt

♪♪ HEXENKROKETTEN

Zu Anfang des *Macbeth* werden bei Verdi wie bei Shakespeare die unheimlichsten und zugleich sympathischsten Figuren eingeführt, die Hexen, denen eine zentrale Rolle als Auslöserinnen der Handlung zukommt. Bei Shakespeare besprechen ihrer drei zunächst den Ausgang einer Schlacht, die eben zwischen Macbeth und dem blutrünstigen Macdonwald tobt – der wird alsbald erschlagen. Verdis Librettist Francesco Maria Piave steigt sogleich mit der dritten Szene des Stückes ein.

Begleitet von Blitz und Donnern betreten nicht drei einzelne Hexen, sondern drei Gruppen die Bühne. Nasale Klänge von Oboen, Klarinette und Fagott, wie sie schon in der Ouvertüre zu hören waren, begleiten das Hexentreiben um den dampfenden Kessel. Diesen unheimlichen Gestalten, die mit den Geistern und mit Satan selbst im Bunde stehen, widmen wir unser zweites Rezept, nämlich Kroketten mit Meeresfrüchten und Pilzen.

FÜR SECHS PERSONEN: *150 gr Pilze nach Wahl, 300 gr gemischte Meeresfrüchte (Tintenfisch, Muscheln, Garnelen; frisch oder tiefgefroren), Butter und Öl zum Braten, 1/2 l Béchamelsauce, 1 Ei, Mehl und Semmelbrösel zum Panieren, Petersilie, Paprika, Muskatnuß, Öl zum Fritieren.*

Die Béchamelsauce auf kleiner Hitze etwas eindicken lassen. Die Pilze putzen (mit Küchenkrepp, ohne Berührung mit Wasser), in Scheiben schneiden und rasch in Butter braten. Aus der Pfanne nehmen, auf Küchenkrepp abtropfen lassen. Etwas Öl in die Pfanne geben, erhitzen und die kleingeschnittenen Meeresfrüchte unter Rühren garen, was nur wenige Minuten dauert, dann gut abgetropft zusammen mit den Pilzen in die Béchamelsauce geben. Mit einer Prise Muskatnuß und Paprika sowie feingehackter Petersilie würzen, salzen. Die Masse zum Abkühlen in eine weite Schüssel geben, dann Kroketten daraus formen. Diese in Mehl, geschlagenem Ei und Semmelbröseln panieren, in reichlich heißem Öl goldgelb fritieren und mit Zitronenscheiben servieren.

Für die dicke Béchamelsauce 1/2 l Milch aufkochen, in einem anderen Topf 60 gr Butter zerschmelzen lassen, 60 gr Mehl unterrühren und anschwitzen, bis die Mischung schäumt. Den Topf vom Feuer nehmen und die Milch unter ständigem Schlagen mit dem Schneebesen hinzugießen. Salzen, pfeffern. Den Topf wieder auf den Herd stellen und stets weiterrührend die Sauce zum Kochen bringen, bis sie dick wird.

♫♪ SPANFERKEL

Verdi läßt die Hexen in Gruppen auftreten, um das Timbre des Frauenchors zu nutzen: »Nicht vergessen, daß es Hexen sind, die sprechen«, mahnt der Komponist in der Partitur. Von den Choristinnen wird weniger Wohlgesang als ein hexenartiger Ton erwartet.

»Was gibt's Neues? Saget doch!« erkundigt sich der erste Hexentrupp beim zweiten nach dessen jüngsten Taten, und die Angesprochenen antworten: »Säue abgestochen!«

Im italienischen Libretto ist präziser von einem Eber die Rede, und zwar von dem nicht kastrierten männlichen Schwein, das nicht für die Tafel, sondern zur Zucht bestimmt ist. Unkastrierte Eber sind nur jung eßbar, als Milchschweine, und so regt uns Verdis Oper zu einem köstlichen Spanferkel am Spieß an, einer Verbeugung vor der sardischen Küche.

FÜR 8 PERSONEN: *Ein Spanferkel von 4-5 Kilo, Salbei, Rosmarin, Butter, Salz.*

Die Bauchhöhle des Spanferkels mit Salz ausreiben, reichlich Salbei und Rosmarin hineingeben und dann vernähen. Mit einigen Einschnitten in der Rückenhaut verhindern, daß sie

15

beim Braten reißt. Das Spanferkel mit reichlich zerlassener, mit Salbei aromatisierter Butter bestreichen. Am Spieß 2 bis 3 Stunden bei mittlerem Feuer und mit untergestellter Saftpfanne im Ofen braten; regelmäßig mit dem austretenden Saft begießen.

♫♫ NUDELSALAT DES BOOTSMANNS

»Ging am Hafen ich fürbaß, saß ein Weib auf einem Faß, das gebratne Äpfel fraß. 'Gib mir was!' sagt ich zum Spaß, doch das Weib auf seinem Faß spie mich an: 'Da hast du was!' Dieses Weibsbild hat 'nen Liebsten auf dem Schiff. Den ersäuf ich! Die wird jammern hinterher!« Bei Shakespeare – I. Akt, 3. Szene – fährt die Hexe dem Bootsmann in einem veritablen Küchensieb hinterher, um sich für den Affront zu rächen.

Dem unglückseligen Seemann, der die Rache der Hexe zu erleiden hatte, widmen wir unseren Salat aus Nudeln der Form »Ruote« (sie erinnern an das Steuerrad eines Schiffes) mit kleinen Tintenfischen, Muscheln und Garnelen.

FÜR 4 PERSONEN: *250 gr »Ruote«, 400 gr Garnelen, 300 gr Miesmuscheln, 200 gr Venusmuscheln, 150 gr Seppioline (kleine Tintenfischchen), 1 Kalmar, 1 Aubergine, 1 Tomate, 1 Paprikaschote, Olivenöl, Salz, 1 Bund Basilikum.*

Die Nudeln al dente kochen, abgießen und den Garvorgang durch Spülen unter kaltem Wasser abbrechen. In eine große Salatschüssel geben und mit etwas Olivenöl mischen, damit sie nicht aneinanderkleben. Beide Sorten Muscheln

16

gründlich schrubben und waschen (dabei geöffnete Exemplare, die sich auf Berührung nicht schließen, aussondern), dann rasch in der Pfanne auf großem Feuer garen, bis sie sich öffnen. Muscheln, die sich gar nicht öffnen, ebenfalls aussondern und wegwerfen. Tintenfischchen und Kalmar putzen, den Kalmar in Ringe schneiden, die Garnelen schälen. Garnelen und Kalmar 4 bis 5 Minuten in Salzwasser garziehen lassen, die Tintenfische ca. 15 Minuten.

Die in Scheiben geschnittene Aubergine und die Paprikaschote unter dem Grill rösten, dann beides würfeln, die Tomate in feine Scheiben schneiden. Alles zu den Nudeln geben, mit Öl und Salz würzen und mit Basilikumblättern garnieren.

♪♪♪ REISTROMMEL

Fern ist eine Trommel zu hören – »Was geschah?« Der Held der Oper wird sogleich die Bühne betreten, und die »Unheilsschwestern«, wie sie bei Shakespeare heißen – Verdis Librettist nennt sie im Original poetischer »vagabundierende Schwestern« – »schlingen einen Reigen«, wie es in der Regieanweisung heißt, und tanzen zu einem raschen allegro brillante, in dem die Geigen den schwindelerregenden Taumel eines Hexensabbats imitieren: Der Zauber ist bereit. Nach dem rasanten Schluß der Passage tritt Macbeth auf, begleitet von Banquo. Die beiden Feldherren wirken hier noch wie Freunde, doch nicht mehr für lange, wie man sehen wird.

Unsere mit kleinen Fleischkügelchen und anderen feinen Zutaten gefüllte »Reistrommel« ist nichts anderes als eine Variante des »Sartù«, einer berühmten, üppigen Reistorte aus Neapel, die zwar technisch nicht allzu schwierig, aber dafür recht aufwendig herzustellen und in ihrer Heimat aus diesem Grund festlichen Gelegenheiten vorbehalten ist.

FÜR 4 PERSONEN: *Fleischkügelchen: 100 gr Rinderhack, 2 Scheiben altbackenes Weißbrot, etwas Milch zum Einweichen, 1 rohes Ei, 2 EL geriebener Parmesan, etwas fein gehackte Petersilie, Mehl zum Wenden, Öl zum Fritieren; für die restliche Füllung 20 gr getrocknete Steinpilze, eingeweicht und abgetropft, 4-5 Hühnerlebern, 50 gr grobe, weiche Salami am Stück, eine Kugel Mozzarella, 100 gr Erbsen, 2 hartgekochte Eier, Salz, Pfeffer.*
Für den Reis: 300 gr Rundkornreis, eine kleine Zwiebel, fein gehackt, 1/2 Suppenkelle pürierte Tomaten (Konserve), 3/4 l Brühe, Butter, Salz. Butter und Semmelbrösel für die Backform.

Das Hackfleisch mit dem in Milch eingeweichten und ausgedrückten Brot, Ei, Käse und Petersilie verkneten, leicht salzen, nußgroße Fleischkügelchen formen (geht am besten, wenn vorher durchgekühlt); diese leicht in Mehl wenden und in heißem Öl fritieren.

Die Pilze gut abtropfen und grob hacken, in Butter anbraten. Sodann die zerkleinerten Hühnerlebern und die zuvor einige Minuten in kochendem Salzwasser garten Erbsen hinzufügen. Salzen. Die Salami pellen und fein würfeln, Mozzarella und die hartgekochten Eier so grob hacken, daß sie zwar zerkleinert sind, in der Füllung aber nicht verschwinden.

Für den Risotto Zwiebel in etwas Butter andünsten, den Reis hinzugeben, anrösten. Kellenweise Brühe angießen, jeweils mit dem Holzlöffel rühren, bis sie absorbiert ist. Nach drei Kellen Brühe die pürierten Tomaten hinzugeben, dann wieder Brühe. Wenn der Risotto cremig, aber noch bißfest ist, auf einen großen Teller geben und zum raschen Abkühlen verstreichen.

Eine runde Springform reichlich buttern und mit Semmelbröseln ausstreuen. Boden und Wände der Form mit ca. 3/4 des Reises bestreichen, dann die verschiedenen Bestandteile der Füllung darin verteilen und schließlich mit Reis bedecken. Die

18

Oberfläche mit Semmelbrösel bestreuen, Butterflöckchen daraufsetzen und im Backofen (vorgeheizt auf 200 Grad) etwa 30 bis 40 Minuten backen.

♪ HEXENBART

Eine elegante, von den davor gehörten Klängen recht verschiedene Musik begleitet den Einzug der beiden siegreichen Kriegsherren. Verdi versteht sich ebensogut auf Volkstümliches, ja fast Triviales wie auf Edles, Höfisches – und dafür ist die Figur des Macbeth in gewisser Hinsicht ein Beispiel. Einen so stürmischen und zugleich herrlichen Tag habe er noch nie gesehen, bemerkt der Protagonist bei seinem Eintritt, dann bemerkt er erschrocken die Hexen. Banquo spricht sie an: »Sagt an, wer seid ihr? (...) Ihr erscheint mir wie Weiber, doch dazu passen nicht eure struppigen Bärte.«

Nun besagt ein altes italienisches Sprichwort, die Liebe zu einer bärtigen Frau altere nie, doch diese Opernhexen sind wirklich furchtbar anzusehen. Ihre Haar- und Bartpracht inspiriert uns zu einem vegetarischen Pfannengericht.

Der hierzulande kaum erhältliche wilde Radicchio kann durch Mangold ersetzt werden, wozu nur die herausgeschnittenen, geputzten und in Streifen zerteilten, dicken, weißen Blattrippen vorblanchiert und danach mit dem ebenfalls streifig geschnittenen Grün wie beschrieben gegart werden. Die Zugabe einiger Rosinen und Pinienkerne verleiht dem Gericht eine süditalienische Note.
In Öl eingelegte Sardellenfilets brauchen vor der Verwendung nur abgetupft zu werden; in Salz oder Salzlake eingelegte werden zuvor gewässert.

FÜR 4 PERSONEN: *1 kg wilder Radicchio, 100 gr Sardellen, eine Knoblauchzehe, Öl, Salz, eine Schote Peperoncino (Chili)*

Den Radicchio für wenige Minuten in Salzwasser kochen, dann abtropfen. In einer großen Pfanne das Öl mit der ganzen Knoblauchzehe und dem Peperoncino erhitzen; die abgetropften und kleingehackten Sardellen hinzufügen und anbraten, bis sie zerfallen. Nun den Radicchio in die Pfanne geben und zugedeckt auf kleiner Flamme ca. 20 Minuten lang dünsten.

♪ DRACHENKOPF-TOPF

Wirklich häßlich sind sie, diese diabolischen Gestalten! Shakespeare lebte vor der Aufklärung und der wissenschaftlichen Revolution; seine Epoche fürchtete noch Wesen, die mit einer Art Intuition begabt waren, einem sechsten Sinn, der ihnen erlaubte, in die Zukunft zu schauen. Kirche und Staat verfolgten Frauen mit diesem Talent, da sie angeblich mit dem Teufel im Bunde standen. Es sei an Arthur Millers Theaterstück »Hexenjagd« erinnert, in dem er die historische Hexenverfolgung schottisch-englischer Puritaner in Salem, Massachussetts schildert, ein Klima voll verkniffener Angst, Aberglaube und Machtgier, wie sie typisch ist für Zeiten der Inquisition.

Zurück zu den theaterwirksam häßlichen Hexen in Verdis *Macbeth*: Wir widmen ihnen ein köstliches Fischgericht.

FÜR 6 PERSONEN: *3 Drachenköpfe (genannt auch Skorpionfische, französisch Rascasse) à 500 gr, 1 Glas Olivenöl, 1/2 fein gehackte Zwiebel, 2 Knoblauchzehen, je etwas Thymian, Salbei und Lorbeer, ein Stück Chili-Schote, 1 Glas Weißwein, 500 gr pürierte Tomaten, je 1/2 Glas Wasser und Rotweinessig, Salz, einige Scheiben Bauernbrot.*

20

In einer entsprechend geräumigen Kasserolle das Öl erwärmen, Zwiebel, Knoblauchzehen, Thymian, Salbei und Lorbeer hineingeben und bräunen. Dann den Wein hinzugeben und einkochen lassen. Tomaten angießen, aufkochen lassen, Wasser-Essig-Mischung hinzugeben und salzen. Die vorbereiteten ganzen Fische in die Sauce legen und 20 Minuten lang sacht köcheln lassen. Mit den in Öl gerösteten (oder getoasteten) Brotscheiben servieren.

Zur Probe, ob die Fische gar sind, an einer Gräte der Rückenflosse ziehen: Löst sie sich leicht, so ist das Gericht fertig. Der Drachenkopf ist einer der Fische, die traditionell in die französische Bouillabaisse gehören.

DREIFACHER GRUSS

Macbeth fordert die Hexen auf: »So gebt doch Antwort!« – auf Banquos Frage nämlich, wer sie seien, und jede der drei Gruppen ruft ihn mit einem anderen Titel an. Der Ton des Hexensabbats weicht feierlichen, fast sakralen Klängen. Macbeth erbebt angesichts der rätselhaften Worte, als er sich nacheinander als Edler von Glamis, Edler von Cawdor und schließlich gar als König von Schottland tituliert hört.

Glamis ist ein anmutiger Ort in Nordost-Schottland, in der Grafschaft Angus, wo bis heute angeblich Macbeths ehemaliges Schloß steht (sein Schloß im Stück wie in der Oper liegt in Inverness). Cawdor, etwas weiter im Norden, ist ein Dorf einige Kilometer vom Städtchen Nairn in der Grafschaft Nairnshire entfernt. Auch hier steht ein Schloß, das im 18. Jahrhundert wieder aufgebaut wurde, und die Legende besagt, hier habe Macbeth König Duncan getötet.

An den drei verlockenden Titeln, die den Feldherrn dennoch zusammenschrecken lassen, orientieren sich die folgenden drei typisch schottischen Rezepte.

21

GLAMIS-PORRIDGE ♪

FÜR 2 PERSONEN: *100 gr Haferflocken, 1/4 l süße Sahne, eine Prise Salz.*

Die Haferflocken in leicht gesalzenem Wasser kochen. Absieben, in Schüsselchen geben, mit Sahne übergießen. Nach Wunsch kann diese gesalzen oder gezuckert werden. Diese energiereiche Morgenmahlzeit, eine üppige Variante des traditionellen Porridge, dürfte genau das richtige für hungrige Krieger à la *Macbeth* sein.

TOAST A LA CAWDOR ♪

FÜR 6 PERSONEN: *6 Toastbrotscheiben, Butter, 6 Sardellenfilets, im Mörser zerrieben (ersatzweise Sardellenpaste aus der Tube), 100 ml süße Sahne, 2 leicht geschlagene Eigelb, Salz, Cayennepfeffer.*

Das Brot toasten und die Rinde entfernen, mit Butter und Sardellen bestreichen. Sahne und Eigelb in einem Topf verquirlen, salzen und langsam erhitzen, bis die Masse dick wird. Nicht kochen, sonst gerinnt des Eigelb. Über die Brote gießen und sogleich mit etwas Cayennepfeffer bestreut servieren.

SCOTCH SHORTBREAD (TEEGEBÄCK) ♪

350 gr Weizenmehl, 120 gr Stärkemehl, 250 gr Butter, 120 gr Zucker, gehackte Mandeln, Salz.

Diese klassische Zubereitungsweise läßt sich variieren, indem man geriebene Zitronen- oder Orangenschale oder Vanille an den Teig gibt. Ebenso kann man die Mandeln weglassen und kleine Korinthen in den Teig arbeiten.

Beide Mehlsorten und eine Prise Salz in eine Schüssel sieben, die kalte, in Stücke geschnittene Butter und den Zucker rasch einarbeiten. Auf einer bemehlten Fläche gündlich kneten. Fingerdick ausrollen, mit dem Teigrädchen mittelgroße rechteckige Kekse ausschneiden. Mit einer Gabel häufig einstechen, mit Mandeln bestreuen. Ein Blech mit Backpapier bedecken, die Kekse daraufsetzen und bei ca. 200 Grad 20-25 Minuten backen. Abkühlen lassen, vom Blech nehmen und zum Tee servieren.

♪ WEISSAGUNGS-SALAT mit Keimen

Banquo bemerkt, wie Macbeth erschrickt, aber er will nun auch erfahren, wie es um ihn selbst, um seine Zukunft steht. Bei Shakespeare tut er das mit der schönen Formulierung: »Wenn ihr durchschauen könnt die Saat der Zeit / Und sagen: dies Korn sproßt und jenes nicht, / So sprecht zu mir, der nicht erfleht noch fürchtet / Gunst oder Haß von euch.«

Die Prophezeihung der Hexen ist allerdings rätselhaft, ihr Sinn ist dunkel: Kleiner als Macbeth werde Banquo, und doch größer, nicht so glücklich wie er, doch weit glücklicher noch, König werde er nicht, doch der Vater von Königen. »Seltsam Orakel«, bemerken Macbeth und Banquo.

Die Kunst der Weissagung war neben der Magie ein wesentlicher Bestandteil antiker Kulturen: Ägypter wie Assyrer und Babylonier, Griechen wie Römer hatten weissagende Priester, welche Träume und Erscheinungen, Sterne und Geschehnisse deuteten.

Neben den Etruskern, großen Wahrsagern, gab es im alten Rom während der Kaiserzeit auch chaldäische Magier und Astrologen, die diese Kunst verbreiteten und fortentwickelten. Manche Kaiser verfolgten sie, die meisten aber suchten ihren Rat. Noch an den Höfen der Renaissance wird der Astrologe eine wichtige Rolle spielen.

Unser nächstes Rezept, ein Kopfsalat mit Keimen, entspringt Banquos Worten.

FÜR 4 PERSONEN: *2 Kopfsalate, von den äußeren Blättern großzügig befreit, Kresse, ein Bund Radieschen, Sojabohnensprossen und andere Keime nach Wunsch, 1 Apfel, ein Becher Joghurt, Zitronensaft, Salz.*

Den Salat waschen und schleudern, die Radieschen in Scheiben schneiden, den Apfel würfeln, Keime hinzugeben. Joghurt mit Zitronensaft und Salz mischen und als Salatsauce verwenden. Ein erfrischender Salat, der im Sommer gut durchgekühlt serviert werden kann.

♪♪♪ DIPLOMATEN MIT CREME

Daß er Than von Glamis ist, Graf nämlich, das weiß Macbeth schon, denn er hat seinen vor kurzem verstorbenen Vater beerbt. Der erste Gruß der Hexen ist also eigentlich keine Weissagung. Daß er Than von Cawdor sein soll, kann er nicht glauben, denn er denkt, der Amtsinhaber lebe noch. Gleich jedoch betreten Abgesandte des Königs die Bühne und grüßen ihn ihrerseits als Edlen von Cawdor, da der König den bisherigen Than als Rebellen habe hinrichten lassen. »Ha! Die Hölle macht wahr ihr Wort!« erkennt Banquo. Harte Zeiten, selbst wenn man nicht wüßte, was noch alles bevorsteht.

Diplomatisch geht es hier nicht gerade zu; ohnedies hat Verdi für die Zwecke der Oper Shakespeares Dramenhandlung, in der diese Mitteilung erheblich mehr Raum beansprucht, gekürzt und gerafft. Dennoch wollen wir die Abgesandten des Königs als Diplomaten behandeln und ihnen ein köstliches Kleingebäck mit Cremefüllung widmen, das auf Italienisch »Diplomatici« – »Diplomaten« – heißt.

Für den Biskuitboden: *4 Eier à 60 gr oder 5 à 50 gr, 4 Eßlöffel Wasser, 200 gr Stärkemehl, 200 gr Zucker, 1 Prise Salz, 1/2 Tütchen Backpulver.*
Für die Creme: *1 Liter Milch, 2 frische Eigelb, 50 gr Stärkemehl, 50 gr Zucker, 1 Tütchen Vanillezucker.*
Sirup zum Tränken: *100 ml Strega-Likör, 100 gr Zucker, 200 ml Wasser.*
1 Päckchen tiefgefrorener Blätterteig, aufgetaut und zu zwei Rechtecken ausgerollt, Puderzucker.

Für den Biskuitboden die Eier trennen, die Eiweiß mit 50 gr Zucker steif schlagen und kalt stellen. Die Eigelbe mit dem restlichen Zucker und der Prise Salz schaumig schlagen, bis eine dickliche, helle Creme entsteht und der Zucker sich aufgelöst hat. Den Eischnee auf die Eigelbmasse geben, dann Mehl und Backpulver gemeinsam darübersieben. Mit dem Schneebesen vorsichtig alles vermengen. Ein Backblech oder eine rechteckige Form von ca. 30 x 40 cm buttern und leicht mit Mehl bestäuben, den Teig darauf verstreichen und im vorgeheizten Ofen bei 180° etwa 10 bis 15 Minuten backen. Gar ist der Biskuit, wenn die Teigränder fest sind und die Teigplatte bei leichtem Druck mit dem Finger trocken und elastisch wirkt. Aus dem Ofen nehmen, auskühlen lassen, dann mit einem scharfen, langen, schmalen Messer vorsichtig die Kruste dünn abnehmen, damit eine porige Platte bleibt.

Für die Creme das Stärkemehl mit einigen Löffeln kalter Milch anrühren, dann in die Milch geben und verrühren. Eigelbe, Zucker und Vanillezucker dazugeben und quirlen, bis der Zucker sich aufgelöst hat. Dann auf leichtem Feuer unter stetem Rühren aufkochen, bis die Creme dickt. In eine Schüssel gießen und mit einem Blatt Frischhaltefolie bedecken oder mit Butter betupfen, damit sich keine Haut bildet.

Für den Sirup den Zucker (nach Geschmack auch weniger als 200 gr) im erwärmten Wasser auflösen, den Likör hinzugeben.

Die Blätterteig-Rechtecke nach Herstellerangabe auf dem mit Wasser befeuchteten Backblech backen und auskühlen lassen. Dann die Hälfte der Creme auf dem einen Rechteck verstreichen und mit dem passend zugeschnittenen Biskuitboden bedecken. Diesen mit dem abgekühlten Sirup tränken. Die rest-

Der Strega – wie passend für diese Oper: »strega« bedeutet auf italienisch »Hexe« – ist ein typischer italienischer Likör und in entsprechenden Geschäften erhältlich. Er ist gelb, mit würzigen Kräutern aromatisiert und ziemlich süß. Wer ihn ersetzen muß, kann sich mit anderem aromatischen Likör wie Génépy (Kräuterlikör aus dem Aostatal), Cointreau, Amaretto oder Maraschino behelfen.

liche Creme aufstreichen, das zweite Stück Blätterteig darauflegen. Die vier Seiten des Kuchens begradigen, sodann mit einem scharfen Messer in Quadrate von 5-6 cm Kantenlänge schneiden und mit Puderzucker überstäuben.

♪ GEIST DER UNTERWELT

»Schon hat sich's zweimal als wahr erwiesen«, stellt Macbeth fest, er ist Than sowohl von Glamis als auch von Cawdor. Eine Bemerkung, die eines der schönsten Verdi-Duette eröffnet: Der Gedanke an die dritte Weissagung, die ihm den Thron von Schottland verheißt, erscheint ihm mit einmal als »Mordgedanke«, und er versucht entsetzt – und vergebens –, die Hoffnung auf die Krone zu vergessen. Banquo seinerseits beobachtet, wie Macbeth zwischen Furcht und hochmütigem Stolz schwankt – »Die Herrschermiene!« –, und er weiß, daß der Geist der Unterwelt »listig ein stolzes Hoffen (weckt), dann stößt er lachend (...) sein armes Opfer zum Höllenschlund hinab.« »Geist der Unterwelt« heißt auf italienisch »Spirito d'averno«, und das letzte Wort erinnert wiederum an eine Spirituose, nämlich den berühmten Kräuterbitter Amaro Averna, eine der Zutaten zu dem folgenden köstlichen Sommercocktail.

Eiswürfel, 1 Teil Amaro Averna, 5 Teile Martini Dry (Vermouth), 4 Teile Campari, Zitronenscheiben.

Den Shaker zu ca. 1/3 mit Eis füllen, die Zutaten hineingeben und gründlich schütteln. Kurz ruhen lassen, nochmals kurz schütteln und sofort in dicke Cocktailgläser füllen. Mit Zitrone garnieren.

♪ GEWITTERSTURM (MUSCHELRAGOUT)

Nach ihrem wunderbaren Duett gehen Macbeth und Banquo ab; aus Nebel und Dunst tauchen wieder die Hexen auf, um diese Eingangsszene zu einem wirbelnden Abschluß zu bringen. Diesen Chor, in dem die Hexen zunächst Abschied nehmen, befriedigt, daß sie die Saat des Hochmuts in Macbeth sprießen sehen, hat Verdi erst 1865 für die Pariser Aufführung seiner Oper hinzugefügt, 18 Jahre nach der Uraufführung im Teatro della Pergola in Florenz.

»Wir seh'n uns wieder« – verabreden die Hexenschwestern –, »wenn im Gewittersturm der Blitz zuckt nieder!« Dann soll ihr Orakel ein weiteres Mal zu Macbeth sprechen. Dies wird im dritten Akt geschehen, in der berühmten Großen Szene der Erscheinungen.

Wie ein Gewittersturm raschelt es in der zischenden Pfanne, wenn wir das folgende Muschelragout rühren, eine schnell zubereitete, aromatische Vorspeise.

FÜR 4 PERSONEN: *je 750 gr Mies- und Venusmuscheln, 1/2 Glas Weißwein, Öl, 2 EL gehackte Petersilie, 1 Zweig Thymian, 1 Lorbeerblatt, 1 Knoblauchzehe, Pfeffer, Salz.*

Die Muscheln waschen wie unter »Nudelsalat des Bootsmanns« beschrieben. Mit Wein, etwas Öl, der gehackten Knoblauchzehe und den Gewürzen in eine Pfanne geben und aufkochen. Wenn die Muscheln sich geöffnet haben, sind sie gar. Heiß mit der abgeseihten Kochflüssigkeit zu Weißbrot servieren.

♪♪ KÖNIGSKRONE

Nun wechselt der Ort; wir befinden uns in Macbeths Schloß in Inverness. Endlich erscheint auf der Bühne die geheime Hauptfigur von Stück wie Oper, die Triebkraft der Handlung: Lady Macbeth. Nicht mehr jung, doch immer noch attraktiv, setzt diese Herrscherin des Bösen alle Weiblichkeit für ihre Machtgier ein. Der maßlose Ehrgeiz dieser Frau ist es, der Macbeth zu den grausamsten Taten verleiten wird.

Wäre es kein Anachronismus, so könnte man Lady Macbeth eine kleinbürgerliche, ja proletarische Herkunft unterstellen, derart besessen ist sie von dem Wunsch, sämtliche Stufen der sozialen Leiter zu erklimmen, bis hinan zur Krone. Bereits die aufwärtssteigenden Halbtonschritte der Streicher am Anfang ihres Auftritts bezeichnen ihre aggressive Entschlossenheit. Bei ihren ersten Schritten auf der Bühne singt sie nicht, sondern verliest einen Brief ihres Mannes, in dem er ihr die Weissagung der Hexen schildert, deren zwei bereits in Erfüllung gegangen sind. Die dritte, wichtigste, steht noch aus; von den »Zauberschwestern«, schreibt Macbeth, »die mir die Königskrone verhießen.« Sofort begreift sie: Die Macht ist greifbar nah, und wer sie will, muß zu allem bereit sein.

Die Königskrone wird mit Blut zu bezahlen sein, noch ist allerdings keins vergossen, und wir können sie aus unschuldig weißem Mehl backen.

450 gr Weizenmehl (Typ 405), 250 ml Milch, 70 gr Butter, 40 gr Zucker, 25 gr Hefe, ein Eigelb, geriebene Schale einer Zitrone, eine Handvoll Mandeln, eine kleine Prise Salz.

Die Hefe in der handwarmen Milch auflösen. Mehl, Zucker, Salz und Zitronenschale miteinander mischen, die Hefelösung in die Mitte gießen, etwas verrühren. Die geschmolzene, ebenfalls handwarme Butter hinzugeben und einarbeiten. Gründlich kneten – wenn mit den Knethaken des Handrührgeräts begonnen, jedenfalls mit den Händen fertigkneten –, eine Kugel formen, diese kreuzweise einschneiden, mit Mehl bestäuben und in einer geräumigen Schüssel zugedeckt mindestens eine Stunde lang gehen lassen. Den Teig dann nochmals für einige Minuten durchkneten, in drei gleiche Stücke teilen und jedes zu einer dünnen, ca. 40 cm langen Rolle formen. Die drei Teigstränge miteinander zum Zopf flechten und diesen kreisförmig zusammenlegen; die Enden gut miteinander verbinden. Die Krone auf dem gefetteten Backblech wiederum für eine halbe Stunde gehen lassen, dann mit dem gequirlten Eigelb bestreichen und mit Mandeln besetzen wie mit Juwelen. Bei 180° eine gute halbe Stunde lang backen.

♩ BUCATINI LADY MACBETH

In der Oper des neunzehnten Jahrhunderts von Rossini bis Verdi haben die ersten Arien, mit denen die Hauptfiguren sich und ihre Charaktereigenschaften beim Publikum vorstellen, oft die liedhafte Form der Kavatine.

»Komm, daß ich reize dein träges Blut!« Das Temperament der Lady wird sogleich erkennbar. Blutrot ist auch die Sauce zu den Röhrennudeln, die wir der Kavatine der Lady Macbeth widmen.

FÜR 6 PERSONEN: *500 gr pürierte Tomaten, 1 Knoblauchzehe, 1 Pfefferschote (ersatzweise Chili oder Cayennepfeffer), ein Bund Basilikum, 2 Auberginen, Olivenöl, 500 gr Nudeln vom Typ Bucatini, 100 gr »Ricotta infornata«, gerieben, Salz und eine kleine Prise Zucker.*

»Ricotta infornata« ist ein von der Konsistenz her dem Parmesan ähnlicher, sehr milder Hartkäse, der aus geformter Ricotta hergestellt wird. Er ist bei uns nicht leicht zu finden und kann durch einen jungen, milden Grana Parmiggiano oder schlicht durch Schweizer Emmentaler ersetzt werden. Das Salzen der Auberginen ist nicht unbedingt nötig, allerdings nehmen sie dann beim Braten nicht soviel Öl auf. Wer fettarm kochen will, gart die Auberginenscheiben schlicht in der Tomatensauce. Die kleine Prise Zucker gleicht hier wie in jedem anderen Gericht mit Tomaten deren Säure aus.

Die Auberginen schälen, in feine Scheiben schneiden, diese gesalzen für eine Stunde stehen lassen, dann abtropfen und mit Küchenkrepp trockentupfen.

Unterdessen auf leichtem Feuer die Tomaten mit Knoblauch, Pfefferschote und einer winzigen Prise Zucker einkochen lassen, dann 2 Eßlöffel Olivenöl und die Basilikumblätter hinzufügen. Die Auberginenscheiben in der Pfanne in Öl braten. Die Bucatini in Salzwasser bißfest kochen, gut abgießen und in einer Schüssel anrichten. Die heiße Tomatensoße darübergießen, die Auberginenscheiben hinzufügen, Ricotta und Butter dazugeben und gründlich mischen.

♪♪ ÜBELTATEN DER LADY
(Spinatgnocchi)

Ob der Gatte skrupellos genug sein wird, um »über Leichen und durch Blut (...) zum Thron« zu gehen? fragt sich die Lady nach der Lektüre des Briefes. Ein schrecklicher Weg, und wehe dem, der auf ihm strauchelt. Machiavellistisch, ja luziferisch ist die Logik der Dame, ganz ähnlich wie die unzähliger Politiker in Geschichte und Gegenwart, die die Macht über alles und alle stellen. Sie selber will dafür sorgen, daß er sich verhält, wie es das Ziel verlangt: »Komm, daß ich reize dein träges Blut, dein allzu weich Gemüte! O daß mein Ehrgeiz, mein Stolz, mein Mut dir in der Brust erglühte. In Schottland sollst du König sein!« Ihr muß klar sein, daß das zunächst bedeutet, den amtierenden König zu beseitigen, den friedliebenden Duncan.

Von den geplanten Übeltaten ist es nicht weit zu Spinatgnocchi – wie das gehen soll? Auf italienisch: »Misfatti« = »Übeltaten« – »Malfatti« = »Spinatgnocchi«. Eigentlich bedeutet »Malfatti« die »Mißratenen«, was sich möglicherweise darauf bezieht, daß diese Klößchen anders als Gnocchi nicht mit Rillen verziert, sondern zu walnußgroßen Kugeln gerollt werden. Wir empfehlen dazu eine aromatische Tomatensauce.

FÜR 4 PERSONEN:

Für die Gnocchi: *1 Kilo Spinat, 350 gr feste Ricotta, 2 Eier, 2 EL geriebener Parmesan, ca. 200 gr Mehl, je eine Prise Salz und Pfeffer, 1 Messerspitze Muskatnuß.*
Für die Sauce: *500 gr pürierte Tomaten, 1/2 Zwiebel, eine kleine Prise Zucker, einige frische Basilikumblätter, etwas Butter, Olivenöl, geriebener Parmesan.*

Den Spinat gründlich putzen und waschen, trockenschleudern und fein hacken. In der Pfanne dünsten, bis die Flüssigkeit verdampft ist. Mit der Ricotta, den Eiern, Käse, Salz, Pfeffer und Muskatnuß gut vermischen, am besten mit einem

Ricotta dürfte mittlerweile fast überall problemlos zu erhalten sein. Wo nicht, kann man sich mit gut abgetropftem Schichtkäse behelfen, muß den Teig dann nötigenfalls mit etwas mehr geriebenem Käse und/oder Mehl versetzen, damit er nicht zu weich ist. Die Tomatensauce wird besonders elegant, wenn man die halbe Zwiebel im Ganzen mitkocht (das Andünsten entfällt dann), sie am Ende entfernt und die Butter durch einen Schuß süße Sahne ersetzt.

Holzlöffel. Dann so viel Mehl unterarbeiten, bis die Masse glatt und homogen ist und fest genug wirkt. Ein Probegnocchi in siedendem Salzwasser kochen; fällt es auseinander, dem Teig noch etwas Mehl beifügen. Mit leicht eingeölten Händen walnußgroße Klößchen formen und auf eine bemehlte Fläche legen. Portionsweise in Salzwasser kochen; wenn sie an die Oberfläche kommen, sind sie gar und können mit dem Schaumlöffel entnommen werden. In einer flachen, vorgewärmten Schüssel oder auf einer Servierplatte im Ofen warmhalten, evtl. mit etwas Butter betupfen, damit sie nicht aneinanderkleben.

Für die Tomatensauce die feingehackte Zwiebel in Olivenöl andünsten, Tomaten und Zucker hinzufügen und gut zwanzig Minuten lang köcheln lassen. Salzen. Ist das Püree zu stückig oder hat man es selber vorbereitet, kann man die Soße mit dem Pürierstab zerkleinern. Schließlich das gehackte Basilikum sowie ein nußgroßes Stück Butter hinzufügen und heiß über die Malfatti geben.

♪ THE GOLDEN ROUND
(Orangencocktail)

Ein entscheidendes Merkmal sowohl der Oper wie des Theaterstücks ist die Spannung zwischen Ehrgeiz und Mäßigung, zwischen Rücksichtslosigkeit und Milde. Lady Macbeth findet ihren Gatten zu weich, als daß er allein die große Aufgabe bewältigen und den Thron erringen könnte. »Dies mußt du tun, wenn du es haben willst!« heißt es in Szene 5 des ersten Aktes bei Shakespeare aus dem Mund der wild entschlossenen Lady. Sie wird es sein, die ihn zur Krone drängt, zu jenem goldenen Reif, dem Golden Round.

Eiswürfel, 2 Teile Orangensaft, je 4 Teile Cointreau und Grand Marnier, Orangenscheiben.
Zubereitung wie beim Cocktail »Geist der Unterwelt« (s. S. 26)

♫♫ WEIBESBRÜSTE (CREMEGEBÄCK)

Nach Abschluß der Arie tritt ein Diener ein und gibt bekannt, am Abend werde König Duncan kommen, gemeinsam mit Macbeth und Banquo. Also wird der schottische König in Macbeths Schloß übernachten. »Er sei empfangen, wie's dem Kön'ge geziemt!« gebietet die Lady. Wir ahnen jedoch schon, daß sie das nicht ohne blutige Hintergedanken sagt, schließlich ist das die ideale Gelegenheit zum Handeln. »Komm, Hölle, und sauge die Milch mir aus den Brüsten, und füll sie mir mit Giften, mit mördrischen Lüsten!« »Entweibt mich hier!« heißt es im Drama – genau die Sublimation des Weiblichen, die dieser erschütternden Figur gemäß ist.

Die Brüste, von denen die Lady spricht, inspirieren uns zu einem süßen Gebäck, das aus der üppigen sizilianischen Küche stammt und dort unter dem Namen *minne di vergini* – Jungfernbrüstchen – bekannt ist.

Ergibt ca. 40 Teile: *800 gr Ricotta, 325 gr Zucker, 1 Tütchen Vanillezucker, 250 gr Weizenmehl vom Typ 405, 1 ganzes Ei, 4 Eigelb, etwas gemahlenen Zimt.*
Für die Creme: *1 Liter Milch, 100 gr Stärkemehl, 300 gr Zucker, 1 Tütchen Vanillezucker, 2 Löffel gesüßtes Kakaopulver.*
Als Garnitur: *Eiweiß, Puderzucker und Cocktailkirschen.*

Die Ricotta durch ein Sieb streichen und mit den anderen Zutaten verrühren, bis eine homogene Masse entsteht. An einem kühlen Ort ruhen lassen. Für die Creme das Stärkemehl in einem Teil der Milch auflösen, zusammen mit den anderen Zutaten in einem Topf verquirlen und langsam aufkochen, bis sie dick ist. Auskühlen lassen. Nun mit dem Löffel etwas Teig in die bemehlte Handfläche geben und eine Art kleine Schale formen, etwas Creme hineinfüllen und mit einem weiteren Stück Teig verschließen. So weiter verfahren. Die fertigen Teile mit verquirlten Eiweiß bepinseln und ca. 10 Minuten bei 175° backen. Die abgekühlten »Weibesbrüste« mit Puderzucker überstäuben und je mit einer halben Cocktailkirsche garnieren.

♪♪ CABALETTE AL PESTO

Die maßlose Machtgier der Lady Macbeth kommt in dem hinreißenden, charakteristisch »verdianisch« komponierten Stück mit seinem diabolischen Belcanto, das wir eben bereits zitierten, ungebremst zum Ausdruck.

Dieser Gesangsteil ist eine Cabaletta, eine für die Oper des neunzehnten Jahrhunderts typische Musikform, die häufig am Schluß einer Szene stand. Wir erlauben uns, eine Art Pasta, die wir gekostet haben, auf diesen Namen zu taufen, und schlagen vor, sie mit Pesto zu verzehren, der köstlichen, weltbekannten Spezialität aus Genua.

Die Nudeln kann man entweder selbst herstellen, wie im Rezept beschrieben, oder man kauft im Spezialitätengeschäft breite Bandnudeln mit gewelltem Rand, die unter dem Namen »Reginette« oder »Mafaldine« erhältlich sind.

FÜR 4 PERSONEN: *400 gr Mehl, 4 Eier, eine Prise Salz, ein Teelöffel Olivenöl.* Für den Pesto: *Reichlich Basilikum, mindestens 30 Blätter, 1 Knoblauchzehe, je 1 Eßlöffel geriebener Pecorino und Parmesan, 1 Handvoll Pinienkerne, 1 Prise Salz, 1 Glas bestes Olivenöl, ein nußgroßes Stück Butter.*

Das Mehl in eine Schüssel sieben, in die Mitte eine Vertiefung machen, die Eier samt Salz und Öl hineingeben. Das Öl macht den Teig elastischer. Zunächst die Eier mit dem Knethaken der Rührmaschine verquirlen, dann immer mehr Mehl einarbeiten. Wenn der Teig glatt wird, ihn herausnehmen und von Hand weiterkneten, bis er ganz homogen und geschmeidig ist. In Folie gewickelt eine halbe Stunde ruhen lassen, dann auf einer bemehlten Fläche dünn ausrollen, etwas antrocknen lassen und mit dem Teigrädchen recht breite Bandnudeln ausrollen, so daß man den gewellten Rand erhält. In reichlich kochendem Salzwasser (mindestens vier Liter) garen, abgießen und mit dem Pesto mischen.

Für den Pesto in der Küchenmaschine Basilikum, Knoblauch und Pinienkerne fein mahlen, dann mit einem Holzlöffel die anderen Zutaten und zuletzt das Öl einarbeiten, bis der Pesto schön homogen und cremig ist. Beim Abgießen der Nudeln einige Löffel Kochwasser zum Pesto geben und das Ganze nach Wunsch mit einem Stück Butter verfeinern.

Der Nudelteig muß ruhen, damit er sich entspannt. Wichtig ist, ihn danach nicht erneut zu kneten, sonst widersetzt er sich dem Ausrollen. Der Pesto wird traditionell im Mörser hergestellt, was gewiß arbeitsreicher ist, aber auch ein charakteristischeres Ergebnis bringt.

♫ DUNCANS LAMM

Nun also tritt Macbeth auf, der gemeinsam mit dem König im Schloß eingetroffen ist. Duncan zieht sich sogleich zurück, bis morgen, allerdings macht die Lady ihrem Macbeth unmißverständlich klar: »O nimmer seh die Sonne dieses 'morgen'!« Macbeth begreift, worauf sie hinauswill. Der Schlag werde nicht fehl gehen, versichert sie ihm: »Wenn du ein Mann bist!« Man sieht, mit welchen Argumenten sie ihn zu nehmen versucht.

Die enorme Spannung, die diese Oper Verdis entwickeln kann, zeigt sich nicht zuletzt an Stellen, wo der Komponist die Musik geradezu ironisch einsetzt. Sei es zuvor in der Cabalette, als die Lady in schönstem Belcanto vom Dolch singt, der nicht sehen darf, »in wessen Blut ein Bad ihm lacht«, sei es, als der König wortlos – es ist eine stumme Rolle, eine treffliche Entscheidung Verdis, um die Opferrolle der Figur zu verdeutlichen – über die Bühne in seine Gastgemächer zieht.

Verdi wählt als Begleitung Duncans eine fröhlich-ländliche Musik und schafft so einen Kontrast zwischen der Unbeschwertheit an der Oberfläche und der kommenden Grausamkeit, von der der Zuschauer weiß, einen Kontrast zwischen volkstümlichen Klängen und adligem Schauplatz. Mit dieser ironischen Zuspitzung ersetzt er die Wirkung des Textes, wo sich, im Drama, der König über seine Ankunft freut: »Dies Schloß hat eine angenehme Lage; / Gastlich umfängt die lichte, milde Luft / Die heitern Sinne« (1. Akt, Szene VI). Das Publikum seiner Zeit stellte Verdi allerdings vor eine gewisse Prüfung, als er ihm zumutete, sich zu vertrauten Klängen ins finstere Mittelalter Nordschottlands zu versetzen.

Das Lamm ist das klassische Opfertier, und so widmen wir dem König Duncan, den der »schottische Schlächter«, wie Macbeth bei Shakespeare heißt, im Schlafe meuchelt, dieses aromatische Rezept aus der englischen Küche, das sich hervorragend als Osterbraten eignet.

FÜR 6 PERSONEN: *1 Lammkeule von ca. 1 1/2 kg, Wacholderbeeren, Thymian, Rosmarin, Lorbeer, Knoblauch, Salz, Pfeffer, etwas Butter und Mehl, 1 Zwiebel, 1 Karotte, ein dünnes Tuch aus Mull oder Baumwolle, Küchengarn.*
Für die Sauce: *50 gr frische Minzeblätter, 1 Gläschen Weißweinessig, 2 Teelöffel Zucker, je eine Prise Salz und Pfeffer.*

Die gewaschene und abgetrocknete Lammkeule mit den zerstoßenen Gewürzen einreiben, schließlich salzen und pfeffern, und für eine gute Stunde bei Zimmertemperatur ziehen lassen. Das Tuch leicht buttern und mehlen und mit Küchengarn um die Keule verschnüren. In einem großen Topf ca. 2 Liter Wasser mit der Zwiebel und der Karotte aufkochen, salzen. Die Keule hineinlegen, den Deckel auflegen und bei sachtem Feuer ca. 45 Minuten köcheln lassen. Das Fleisch dann herausnehmen, abtropfen lassen, aus dem Tuch nehmen, auf einer ovalen Platte anrichten und mit der zuvor bereiteten Sauce servieren:

Die Minzeblätter fein hacken und mit Essig, Zucker, Salz und Pfeffer verrühren. Vor Verwendung mindestens zwei Stunden stehen lassen.

♪♪ BAUERNSUPPE

König Duncan, wie Shakespeare ihn zeigt, ist eine sanfte, friedsame Erscheinung, ganz das Gegenteil des grausamen Macbeth. Die historischen Quellen belegen diese Darstellungsweise. Seine einzige Härte hat in der Hinrichtung des abtrünnigen Than von Cawdor bestanden. Im Schlosse Macbeths ist er von Lage und Empfang bezaubert. Er weiß ja nicht, was ihn diese Nacht noch hier erwartet. Bei Shakespeare wie Jahrhunderte später in den Filmen Hitchcocks bricht das Verbrechen ins Alltägliche ein; der Mörder verbirgt sich in der Gestalt eines normalen Mannes, einer fürsorglichen, gastfreundlichen Hausfrau. Diesen milden, noblen Mann zeigt Verdi fast als virtuelle Erscheinung; der König wird uns einzig und allein in Form des Begleitzuges gezeigt, unterstützt von einem Orchester hinter der Bühne, das eine »ländliche Musik« spielt. Dachte Verdi hier an eine schottische Militärkapelle mit Pfeifen und Dudelsäcken, gespielt von Soldaten im Schottenrock? Dann hätte er sie wohl auch musikalisch imitiert. Nein, er wählt etwas, das sowohl ihm als auch seinem Publikum wohlbekannt ist, eine Musik, die deutlich an die Musikkapelle von Busseto erinnert, die er leitete; in seinen jüngeren Werken tauchen häufiger Reminiszenzen an diese charakteristische Form von Begleitmusik auf. Beim Klang dieser Weisen befinden sich auf der Bühne neben dem schottischen König auch dessen Sohn Malcolm sowie Macduff und Banquo. Ihnen allen geht gutem Brauch gemäß das Ehepaar Macbeth entgegen, mit heuchlerischer Freundlichkeit.

Dieser »Ländlermusik« von so volkstümlicher Ausstrahlung, die einst als banal verunglimpft wurde, gilt unsere schlichte, aber deftige Bauernsuppe.

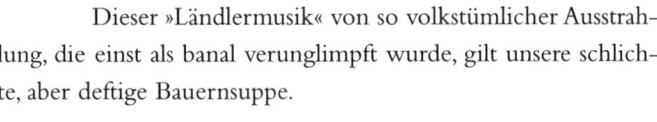

FÜR 4 PERSONEN: *250 gr trockene Bohnenkerne, 1/2 Zwiebel, 1 Knoblauchzehe, 1 Stiel Staudensellerie, einige Nadeln frischer Rosmarin, 1/2 Kopf Rotkohl, Olivenöl, 1 Eßlöffel Tomatenmark, in einem Gläschen warmem Wasser aufgelöst, 100 gr Fett vom Schinken oder fetter Speck, in Würfel geschnitten, einige Scheiben altbackenes Bauernbrot, mit Knoblauch eingestrichen, Salz und frischgemahlener schwarzer Pfeffer.*

Die Bohnen über Nacht in 1 Liter Wasser einweichen, im Einweichwasser solange leicht köcheln, bis sie gar sind, was einige Stunden dauern kann. Die Hälfte der Bohnenmenge in der Küchenmaschine pürieren. Zwiebel, Knoblauch und Rosmarin fein hacken und in 4 Eßlöffeln Öl andünsten. Dann das Schinkenfett hinzufügen, bald danach den in feine Streifen geschnittenen Kohl und das Tomatenmark. Für 15 Minuten köcheln, dann die passierten Bohnen, die ganzen Bohnenkerne und das Kochwasser der Bohnen angießen. Weitere zehn Minuten lang köcheln, salzen und pfeffern. Die Brotscheiben in die Teller legen, die Suppe darüberschöpfen und noch mit einem kleinen Strahl Olivenöl und frischgemahlenem schwarzen Pfeffer würzen.

♪ FISCHBRUT-EIERKÜCHLEIN

Shakespeares Lady Macbeth ist weit grausamer als die Verdis. Im Theaterstück hat sie eben noch ein Meisterstück an Heuchelei geleistet, als sie den alten König begrüßte, und als sie kurz darauf Macbeth im nächtlichen Schloßhof trifft, legt eine Bemerkung, mit der sie ihren Mann zum Handeln anhalten will, ihre ganze Grausamkeit bloß: »Ich hab gesäugt und weiß, / Wie süß das Kind zu lieben, das ich tränke. / Ich hätt, indem es mir entgegenlächelte, / Die Brust gerissen aus den weichen Kiefern / Und ihm den Kopf geschmettert an die Wand, / Hätt ichs geschworen, wie du dieses schwurst.« (*Macbeth*, I. Akt, Szene 7) Als ironische Reaktion auf diesen Zynismus verfielen wir auf die Fischküchlein, deren Hauptzutat junge Fischbrut ist; in Süditalien als Köstlichkeit beliebt, werden sie mit erst wenigen Stunden alten Fischlein zubereitet, die dort »Neonata« heißen, »Neugeborene«.

FÜR 4 PERSONEN: *300 gr »Neonata« (Fischbrut vom Wittling o.a.), 6 Eier, 1 Eßlöffel geriebener Käse, 1 Prise Natron, ÖL zum Ausbacken, Salz.*

Die Eier verschlagen, dann die anderen Zutaten hinzufügen und untermischen. Im kochend heißen Öl löffelweise je für zwei, drei Minuten backen. Auf Küchenkrepp abtropfen lassen und mit Zitronenscheiben servieren.

Die hier verlangte Fischbrut dürfte bei uns kaum erhältlich sein; allerdings gibt es in zahlreichen Nationalküchen Rezepte für sehr junge Fische, die jedoch in der Regel größer sind als die hier verlangten. Gründlinge, Stinte, Glasaale, Sardellen – sie alle lassen sich in Mehl wenden und fritieren; will man sie wie angegeben zubereiten, kann man sie etwas zerkleinern.

Bei Shakespeare gibt es vor dem Mord an Duncan eine Unterredung zwischen Macbeth und Banquo, während der beide nochmals auf die Weissagungen der Hexen zu sprechen kommen. Verdi läßt kurzerhand einen Diener auftreten; ihm trägt Macbeth auf, der Lady auszurichten, er lasse »sie bitten, wenn mein Nachttrunk bereit ist, daß sie mir mit der Glocke sogleich es anzeigt« – das Signal zur Tat.

Als Getränk zur Nacht des Helden denken wir an einen Aufguß aromatischer Kräuter, die für friedlichen Schlaf sorgen – auch wenn der zukünftige König in Wahrheit alles andere plant als zu schlafen.

Das Rezept stammt aus Triora, einem Dörfchen in den ligurischen Bergen; unsere Freundin Amalia hat es uns verraten, eine Heilerin und Bewahrerin alter Kenntnisse von der Wirkung der Arzneipflanzen.

In der Apotheke eine Mischung aus folgenden Kräutern herstellen lassen: Engelwurz, Thymian, Melisse, Fenchelsamen, Weißdorn, Johanniskraut, Bergminze, Kamille und Anis.

Pro Tasse einen guten Eßlöffel voll von der Mischung mit einem Stück Orangenschale kalt aufsetzen, zum Kochen bringen, nach 3-4 Minuten abseihen, mit einem Spritzer Zitronensaft würzen und trinken.

♪♪ FRUCHTTRAUM

Das Drama nimmt seinen fatalen Lauf: Die geplante Mordtat wird vollzogen. Verdi tut dies mit einer brillanten Großen Szene und einem Duett. Zunächst Macbeth allein, heimgesucht von einer ersten – nicht der letzten Vision und Wahnvorstellung, die nichts anderes ist als eine Projektion seines schlechten Gewissens. Er sieht einen Dolch, den Griff ihm zugekehrt, die Klinge trieft bereits von Blut. »Mein Blutgedanke ist's«, weiß Macbeth, »als sei schon Wahrheit, was mein fieberndes Hirn schaute im Traume!«

Nacht ist, jene Nacht, die fast ununterbrochen im *Macbeth* zu herrschen scheint, der klassische Ort von Verbrechen und Zauberei. »Jetzt liegt die halbe Erde wie im Todesschlafe« – eine bezeichnende Bemerkung der Hauptfigur, die sich wie von einer geheimnisvollen Kraft zum Verbrechen gedrängt fühlt. Noch aber ist alles nur Vorstellung, Plan, dem Traum entsprungen, den Macbeth erwähnt.

Ein Dessert aus Früchten in Gelee, so flüchtig wie ein Traumgebilde:

FÜR 6 PERSONEN: *je 1/4 l Wasser und Zitronensaft, 4 Eßlöffel Zucker, 4 Blatt Gelatine, 600 gr gemischte Waldfrüchte, frisch oder tiefgefroren.*
Zum Garnieren: *Minzblätter, Mandarinenspalten, Granatapfelkerne.*

Wasser, Zitronensaft und Zucker zum Kochen bringen und leicht wallen lassen, bis der Zucker aufgelöst ist; die Gelatine nach Herstelleranweisung einweichen, ausdrücken und in der Mischung auflösen, ohne zu kochen.

Die Früchte säubern und waschen bzw. auftauen. 6 zylindrische Förmchen (wie für Karamelcreme) kalt ausspülen und ein wenig flüssiges Gelee einfüllen. 2 Löffel Früchte hinzufügen. Wenn das Gelee fest wird, weiteres nachfüllen, ebenso

Früchte, bis die Form voll ist. Abkühlen lassen, mindestens 4 Stunden in den Kühlschrank stellen. Zum Servieren die Förmchen kurz in warmes Wasser halten, stürzen und die Fruchtträume mit Minze, Mandarinen und Granatapfelkernen garnieren.

♪ BIRNENKÄUZCHEN »BELLE HELENE«

Vom Traum heißt es jetzt zur Tat zu schreiten. Ein Glockenschlag reißt Macbeth aus seinen Hirngespinsten: Das Signal der Lady, das ihn zum Handeln anspornt. Dramatisch deklamiert Macbeth seine Hoffnung, Duncan möge die Glocke nicht gehört haben: »Dich wird sie rufen zum Gericht vor des höchsten Thrones Stufen!« Er stürzt hinaus, und die Lady tritt auf, in bebender Erwartung. Sie hört einen klagenden Ruf – »Des Käuzchens Antwort auf seinen letzten Seufzer!«

Wie im Volksglauben allgemein galt das Käuzchen auch in elisabethanischer Zeit als Zeichen für böse Vorbedeutung und als Totenvogel. Verdi stellt es mit düsteren Klängen vom Englischhorn mit Fagott- und Violoncellobegleitung dar. Wir mildern den beängstigenden Eindruck dieses Rufs mit einem köstlichen Dessert.

FÜR 2 PERSONEN: *2 reife Birnen, 1/8 l Wasser, 1 gehäufter Eßlöffel Zucker, 1 Tütchen Vanillezucker, 150 ml Vanilleeis.*
Sauce: *50 gr Bitterschokolade, 25 gr Butter*
Garnitur: *Gehobelte Mandeln, in der trockenen Pfanne geröstet.*

Die Birnen schälen und das Kerngehäuse ausstechen, die Früchte dabei jedoch ganz lassen. Wasser, Zucker und Vanillezucker kochen, bis der Zucker aufgelöst ist, dann die Birnen hineinlegen – sie sollten vollständig bedeckt sein – und bei schwacher Hitze garen. Abkühlen lassen. Eis in zwei Eisschalen füllen, je eine Birne darauflegen und mit der vorbereiteten Schokolade übergießen: Die Schokolade kleinschneiden und im Wasserbad schmelzen lassen, dann mit der Butter verrühren, bis die Sauce glatt und homogen ist. Noch heiß über die Birnen gießen, die Käuzchen mit gerösteten Mandeln bestreuen.

♪ MARMORBRASSE AUS DER FOLIE

Macbeth kehrt auf die Bühne zurück: Die Bluttat ist vollbracht, und es beginnt das berühmte Duett der Eheleute. Ob sie nicht auch ein Murmeln, einen Klagelaut gehört habe, will er wissen, doch sie meint nur, das sei der Schrei des Kauzes gewesen.

Das folgende, dramatische wie hochmelodische Duett bringt das Entsetzen Macbeths und die Kaltblütigkeit seiner Frau wirkungsvoll auf die Bühne, mit einer Musik, die die Erschütterung des Protagonisten ergreifend verkörpert.

Das Murmeln, das Macbeth anspricht, heißt im Originallibretto in poetischem Italienisch »murmure«, ein Wort, das an den Namen der Marmorbrasse erinnert (»mormore«).

FÜR 4 PERSONEN: *4 Marmorbrassen oder andere Doraden, Butter, 2 Sardellenfilets, gehackte Petersilie, Salz, Pfeffer, Olivenöl, Zitronensaft.*

Die Fische säubern und trocknen, dann innen mit der Butter einstreichen, die zuvor mit den Sardellenfilets verknetet wurde, und mit Petersilie bestreuen. Jeden Fisch auf ein in entsprechender Größe zugeschnittenes Stück Alufolie legen, mit Öl und Zitronensaft begießen und wiederum etwas Petersilie daraufstreuen. Die Päckchen verschließen, indem man die Ränder zusammenfaltet, dann im Ofen bei 200° für ca. 20 Minuten garen. Zur Garprobe ein Päckchen öffnen und prüfen, ob sich die Rückenflosse löst.

♪♪ SCHOTTISCHE TORHEIT
(Whisky-Schokoladenkuchen)

Macbeth hat Verschiedenes gehört, als er sein Verbrechen beging. Eine Stimme hat gemahnt: »Du hast ja den Schlummer erschlagen! Nie tust du ein Auge mehr zu!«; die Wachen des Königs redeten im Schlaf, wünschten, Gott möge ihnen gnädig sein, und er hätte gern »Amen« geantwortet, doch gefror ihm das Wort auf der Zunge. »Torheit!« meint die Lady, um solche Angstphantasien zu zerstreuen, »Zerstoben ist's beim ersten Morgenstrahl!«

Beeilen wir uns also, bevor die Sonne aufgeht, diese schokoladige, nächtliche Torheit zu genießen:

FÜR 8 PORTIONEN: *200 gr Bitterschokolade, 200 gr Butter, 250 gr Zucker, 6 Eier, 200 gr Weizenmehl, 1 Glas Whisky, 100 gr Rosinen, eine Prise Salz, Butter für die Backform.*

Die Rosinen in lauwarmem Wasser oder Whisky einweichen. Unterdessen die Schokolade hacken oder reiben, im Wasserbad oder auf kleinster Flamme schmelzen, die Butter hinzufügen, unterarbeiten, bis man eine homogene Masse erhält, dann den Zucker dazugeben und weiterrühren, bis er geschmolzen ist. Nun den Topf vom Feuer nehmen und mit dem Holzlöffel ein Eigelb nach dem anderen einarbeiten. Dann das Mehl und den Whisky untermischen. Die Rosinen abtropfen und leicht bemehlen, damit sie im Kuchen nicht absinken; sorgfältig einarbeiten. Die Eiweiß mit einer Prise Salz zu steifem Schnee schlagen und mit dem Schneebesen behutsam unter den Teig heben. Eine zylindrische Form wie für eine Charlotte buttern, den Teig einfüllen und im vorgeheizten Ofen bei 180° für eine gute Stunde backen. Nötigenfalls mit Alufolie abdecken, falls er zu sehr bräunt. Garprobe mit einem Holzspieß. In der Form erkalten lassen und mit Schlagsahne servieren.

♪ EISERNE LADY (BLOODY MARY)

Macbeth hat zwar Duncan erstochen wie geplant, jedoch hätte er noch weiter denken müssen, findet die Lady, und fordert ihn auf, in des Königs Schlafgemach zurückzukehren und den blutigen Dolch an den Gewändern der Wachen abzuwischen, damit der Verdacht auf diese falle. Die Vorstellung, dort wieder hineinzugehen, entsetzt Macbeth freilich. »Her das Eisen!« fährt ihn die Lady an – gemeint ist der Dolch –; wozu ihr Mann nicht Manns genug ist, das nimmt sie selbst in die Hand. Das macht ihr nicht viel aus, wußte Shakespeare: »Schlafende und Tote / Sind Bilder nur.« (Akt II, Szene 1)

Wahrlich, eine Eiserne Lady!

Zu ihr paßt jener berühmte Cocktail mit eiskaltem Tomatensaft, der eigentlich nach der berühmten, blutdürstigen, englischen Tudor-Königin Mary I. getauft ist.

Zutaten: *4cl eiskalter Wodka, 2 Tropfen Worcestershire-Sauce, 6 cl eiskalter Tomatensaft*

Alles direkt ins Glas geben und gründlich umrühren.

♫♫ RISOTTO POSEIDON

Macbeth ist kurz allein, voller Gewissensbisse, aber nun kann er nicht mehr zurück. »Kann wohl der großen Meergotts Ozean / Dies Blut von meiner Hand rein waschen? Nein ...« (Akt II, Szene 1) Die Lady kehrt zurück und wie bezeichnend ist es, daß ihr »ein wenig Wasser« genügen wird, um sich von Blut und Tat reinzuwaschen. Vermag Poseidon Macbeths Hand zu reinigen? Wer kann das wissen – sicher ist, daß er die Zutaten zu einem der besten Risotti liefert.

FÜR 4 PERSONEN:
Für den Fond: *400 gr Fischgräten und -köpfe, 1 Zwiebel, 1 Stiel Staudensellerie, 1 Karotte, 1/2 Glas trockener Weißwein, Salz, 2 Pfefferkörner.*
Für den Risotto: *300 gr Reis, je 300 gr Miesmuscheln und Venusmuscheln, 120 gr Moscardini (kleine Tintenfische), geputzt und in Stücke geschnitten, 150 gr Shrimps,*

geschält, ca. 1 Eßlöffel fein gehackte Zwiebel, 1/2 Knoblauchzehe, ebenfalls fein gehackt, 1/2 Glas trockener Weißwein, 30 gr Butter, 2 Eßlöffel Olivenöl, Petersilie, Salz, Pfeffer.

Fischköpfe und -gräten zusammen mit den anderen Zutaten in 1 Liter kaltem Wasser aufsetzen, langsam zum Köcheln bringen, abschäumen und gut 20 Minuten auf kleiner Flamme ziehen lassen, dann durch ein feines Sieb oder ein Seihtuch abgießen. Die Muscheln säubern wie im Rezept »Nudelsalat des Bootsmanns« beschrieben (s. S. 16), dann auf lebhaftem Feuer in einem Topf zum Öffnen bringen und aus den Schalen nehmen.

In einem anderen Topf das Öl erhitzen, Shrimps und Moscardini einige Minute lang anbraten, dann salzen, pfeffern und aus dem Topf nehmen. Die Hälfte der Butter im Topf heiß werden lassen, Zwiebel und Knoblauch golden andünsten. Den Reis hinzufügen und kurz anrösten, den Wein angießen und verkochen lassen. Dann Kelle um Kelle den Fischfond dazugeben, häufig umrühren. Nach 16 bis 18 Minuten ist der Reis bißfest gegart. Kurz vor Ende der Kochzeit Shrimps, Moscardini und Muscheln hinzugeben; vor dem Servieren nachsalzen, pfeffern, mit dem Rest Butter und reichlich gehackter Petersilie würzen.

Den Fond stellt man aus weißem Fisch her; fetter Fisch wie Lachs oder Makrele verleiht ihm einen unangenehm öligen Geschmack. Wenn es nicht gelingt, vom Fischhändler Köpfe und Gräten zu bekommen, kauft man einen ganzen Fisch wie Kabeljau, Steinbutt o.ä., läßt ihn vom Händler filetieren, bereitet die Filets auf andere Weise zu und verwendet Kopf und Gräten für den Fond. Moscardini, bei uns nicht leicht zu bekommen, können durch Tintenfischringe ersetzt werden.

♪ FLAMMEN DER HÖLLE

(Flambierte Bananen)

Der Morgen kommt, und Macduff möchte den König wecken; während er allein in das Schlafgemach geht, schildert Banquo die letzte Nacht voller Todesahnungen, »und immer wieder Wehgeschrei der Eule!« In größter Erregung kommt Macduff und sorgt dafür, daß Banquo sich selbst vom geschehenen Greuel überzeugt. Banquo ist es dann, der allen Herbeigelaufenen, Macbeth und seiner Lady, Malcolm, der Kammerfrau der Lady und zahlreichen Dienern die schreckliche Mitteilung macht, und alle, Solisten wie Chor, vereinen sich in dem Rachegebet »Öffne, Hölle, den glühenden Rachen, und verschlinge sie ganz, diese Erde!« Gott wird beschworen, den Mörder zu strafen.

Ob das mit den Flammen, die wir hier entfachen, gelingen würde, bezweifeln wir, aber für den Hausgebrauch sind sie ein aromatisches Dessert.

FÜR 6 PERSONEN: *6 reife Bananen, sorgfältig geschält, 3 Eßlöffel Zucker, Butterflöckchen, 6 cl Brandy oder Cognac, gesüßte geschlagene Sahne.*

Die Bananen in eine feuerfeste Schüssel legen, mit Zucker bestreuen und mit Butterflöckchen besetzen. 5 Minuten im vorgeheizten Ofen grillen, dann auf einer Servierplatte oder in der Backschussel anrichten. In der Zwischenzeit den Brandy in einem Töpfchen etwas erwärmen – nicht kochen lassen –, anzünden und am Tisch brennend über die Banenen gießen. Dazu Schlagsahne.

♪ GETRÜFFELTE KAPELLEN

Mit dem ersten Finale – am Ende jedes der vier Akte findet sich eines – hat Verdis Oper denselben Punkt in der Handlung erreicht wie Shakespeares Drama am Ende des kurzen zweiten Aktes. Bei dem Dichter wird nun einiges geschildert, das der Komponist aus Gründen der Straffung fallen ließ: Malcolm und Donalbain, Duncans Söhne (der zweite kommt bei Verdi nicht vor), bringen sich in Sicherheit, was allerdings den Tatverdacht auf sie lenkt. Sogar die schönen Streitrosse des Königs haben die Stalltür zertreten und sind auf und davon, als hätten sie Unheil gewittert. Duncans Leichnam wird nach Colmes Kill gebracht, zur Bestattung in der heiligen Gruft. Macduff flieht in sein Schloß Fife.

Verdi rafft und potenziert das Entsetzen und die Verwirrung dieser Szene des Dramas in dem Konzert-Finale, wobei die Komposition zu enormer Expressivität gelangt. Zwischen der machtvollen Anrufung der Hölle am Anfang des Finales und dem grandiosen Schluß intonieren Chor und Solisten mit religiöser Innigkeit eine Art Gebet. Diese fast liturgische Intimität erreicht Verdi, indem er »a cappella« singen läßt. Das Orchester schweigt.

Der Begriff stammt aus dem Lateinischen und bedeutet »wie in der Kapelle, der Kirche«, wo der Gebrauch von Instrumenten untersagt war. Wie die Kuppeln von Kapellen wirken die Hüte großer Pilze, seien es Steinpilze, seien es – außerhalb der Saison und preiswerter – die Hüte großer Gemüsechampignons, mit denen wir den beeindruckenden ersten Akt von Verdis *Macbeth* beschließen.

FÜR 6 PERSONEN: *12 große Hüte von Steinpilzen o.ä. (Parasolpilze oder Zuchtchampignons), Öl, Salz, Pfeffer, 100 gr Butter, 2 Eßlöffel geriebener, weißer Trüffel, 1 Prise Salz.*

Weiße Trüffel sind bei uns nicht oft zu finden, frisch sind sie nur in der Saison (Oktober), und sagenhaft teuer sind sie stets. Das Trüffelaroma allerdings ist überwältigend. Seine Intensität kann man zu akzeptablen Preisen genießen, indem man mit Trüffelöl aromatisiertes Olivenöl kauft, das auch äußerst würzig ist. Es lohnt sich, für gute Qualität ein paar Mark mehr anzulegen, denn das Öl ist sehr sparsam im Verbrauch. Bereits ein halber Teelöffel an einer Portion Spaghetti oder Gnocchi macht aus dem Alltagsgericht etwas ganz Besonderes.

Die Hüte möglichst ohne Kontakt mit Wasser reinigen, alle unschönen Stellen wegschneiden. Bei Champignons und anderen Lamellenpilzen weiche Lamellen auskratzen. Die dicksten Stellen des Hutes kreuzweise einschneiden. Mit Salz, Pfeffer und einem kleinen Guß Öl würzen und bei mäßiger Hitze unter dem Grill garen. Auf einer Servierplatte anrichten und die Trüffelbutter (Butter und Trüffel miteinander gemischt) in Flocken daraufsetzen.

ENDE DES ERSTEN AKTES

Pause a la Verdi

Verdis *Macbeth,* die erste und vielleicht glücklichste Begegnung des Komponisten mit Shakespeares Dramenwelt, wurde am 14. März 1847 im Teatro della Pergola in Florenz uraufgeführt. Die Oper stieß auf geteilte Begeisterung; von heute aus gesehen darf aber als sicher gelten, daß sie eine der originellsten und kraftvollsten Schöpfungen des Meisters aus Busseto ist. Verdi selbst liebte sie mehr als alle anderen, auch wenn sie nie wirklich populär und damals von manchen gar als unfertig erachtet wurde.

Achtzehn Jahre nach der Uraufführung überarbeitete Verdi sie 1865 nach den Erfordernissen des *Théâtre lyrique* in Paris: Er fügte im dritten Akt ein Ballett hinzu, außerdem eine berühmt gewordene Arie der Lady, »Nun sinkt der Abend« (»La luce langue«), das Duett der beiden Eheleute am Ende des dritten Akts, »Stunde der Rache« (»Ora di morte e di vendetta«), und schließlich den Chor der Flüchtlinge am Anfang des letzten Akts. Die eigentliche Kraft des Werks aber liegt unbestritten in den beiden finsteren Hauptfiguren; der junge Verdi war von Shakespeares Genie befeuert und hatte sich die Vorlage perfekt anverwandelt.

Diese Oper ist dem Schwiegervater des Meisters gewidmet, Antonio Barezzi, Vater von Margherita, Verdis erster Frau, dem Mann also, der als erster an den mittellosen, jungen Mann aus Roncole geglaubt hatte, mit dem Verdi seine ersten Erfolge und dann auch eine persönliche Tragödie teilte.

Sieben Jahre war Margherita nun schon tot, aber der Komponist vergaß seinen Förderer aus Busseto nicht und schrieb ihm anläßlich dieser Oper:

»Seit langem schon plane ich, Ihnen, die Sie mir zugleich Vater, Förderer und Freund gewesen sind, eine Oper zuzueignen. (...) Hier ist nun also dieser Macbeth, eine Oper, die ich mehr liebe als alle meine anderen und die ich daher am würdigsten erachte, sie Ihnen zu überreichen. Sie kommt vom Herzen und wünscht zum Herzen zu fin-

den, als Zeugnis ewiger Erinnerung, des Dankes und der Zuneigung, die
für Sie hegt Ihr Sie liebender G. Verdi«

Antonio Barezzi, dem dilettierenden Musikfreund und
Weinhändler aus Busseto, ohne den Verdi wahrscheinlich nie zu
dem geworden wäre, der er wurde, widmen wir diese Pastetchen,
die mit einem typisch piemontesischen Ragout aus Hühnertei-
len, Bries und Hirn gefüllt werden.

FÜR 5 PERSONEN: *10 Blätterteigpastetchen (wie für Königinpastetchen, tiefgefro-*
ren oder vom Bäcker), 150 gr Teile vom Huhn (Lebern, Nieren, Herzen und Kämme),
je 150 gr Kalbsbries und -hirn, 1 EL Olivenöl, 1/2 fein gehackte Zwiebel, 50 gr But-
ter, 100 gr Champignons oder 30 gr getrocknete und in lauwarmem Wasser eingeweichte
Pilze, 1 Eigelb, 1/2 Glas Rotwein, Salz, Pfeffer.

Bries und Hirn gründlich wässern und von Äderchen
befreien. Auch die anderen Fleischarten putzen, alles fein würfeln. In einer Pfanne die Zwiebel in Butter und Öl andünsten,
dann das Fleisch und die blättrig geschnittenen Pilze hinzufügen.
Den Wein angießen, auf mäßigem Feuer einkochen lassen, salzen,
pfeffern. Wenigstens eine Viertelstunde lang auf kleiner Flamme
köcheln, wenn nötig etwas Wasser oder Hühnerbrühe angießen.
Die Pastetchen mit dem verquirlten Eigelb bestreichen und im
vorgeheizten Ofen nach Angabe des Herstellers backen. Gleich,
wenn sie aus dem Ofen kommen, mit dem heißen Ragout befüllen und servieren.

Hahnenkämme und -nier-
chen, traditionelle Zutat eines
piemonteser Ragouts namens
»Finanziera« sind bei uns kaum
zu bekommen, lassen sich aber
durch Kaninchennieren oder
etwas Kalbsniere ersetzen.

Verdi steckte während der Arbeit an seiner Oper alle Beteiligten mit seiner Begeisterung an, vom Librettisten Francesco Maria Piave über den Bariton Varesi, den ersten Interpreten der Titelrolle, bis zur Sopranistin Marianna Barbieri-Nini, welche die diabolische Lady verkörpern sollte.

Piave äußerte sich gegenüber dem Impresario Lanari, als das Werk noch im Werden war: »Lieber Lanari, dieser *Macbeth* wird eine ganz große Sache; ich bin begeistert.« Und über die Partie der Hauptfigur meinte er, sie sei die »gefühlvollste, die jemals auf einer italienischen Opernbühne erschienen« sei.

Der Bariton Varesi selber meinte:

»Jetzt sind wir mit dem *Macbeth* fast fertig; er hat bei den Orchesterproben alle sehr beeindruckt. Ich bin in diese Musik ganz verliebt (...) Sie ist das Grandioseste, was je für Bariton geschrieben wurde.«

Eine lebendige Schilderung von der Uraufführung und von Verdis haarspalterischer Genauigkeit stammt von der Barbieri-Nini, die sich noch viele Jahre später an den historischen Abend erinnerte. Das Publikum strömte bereits in den Saal, da rief Verdi, der bereits wie besessen sämtliche darstellerischen Details festgelegt hatte, Sopranistin und Bariton nochmals zu sich, um das berühmte Duett »Hörst du da drinnen den Klagelaut« (»Fatal mia donna, un murmure«) ein letztes Mal zu probieren.

»Aber wir haben es doch schon hundertfünfzigmal probiert, mein Gott!« protestierte der Bariton.

»In einer halben Stunde wirst du das nicht mehr behaupten, dann sind es hunderteinundfünfzigmal!«

»Dem Tyrannen mußte man zwangsläufig gehorchen«, kommentiert die Sopranistin in ihren Erinnerungen und bemerkt, daß Varesi den Griff des Schwertes, das zu seinem Bühnenkostüm gehörte, so fest umklammerte, daß sie fürchtete, er wolle gleich Verdi umbringen, so wie Macbeth es bald darauf mit Duncan tun würde.

Der überzeugteste Freund der Oper aber war wohl Emanuele Muzio, der treue Schüler Verdis und sein Assistent, dessen Briefen wir die detaillierten Berichte vom Entstehen des Werks verdanken. Der junge Mann schreibt an Barezzi:

»Sie machen sich keine Vorstellung von der Originalität, der Schönheit dieser Musik. Wenn der Maestro sie mir vorspielt, kann ich zwei oder drei Stunden nicht mehr schreiben, vor lauter Begeisterung, die sie in meiner Seele weckt. Die glücklichen Florentiner, die sie als erste werden genießen können!«

Genießen wir zur Oper ein typisches Gericht aus der Emilia, das wir allen Sängern ans Herz legen wollen, wenn es darum geht, das lästige Lampenfieber zu besänftigen.

FÜR 4 PERSONEN: Teig: *400 gr Mehl, 3 Eier, 100 gr Spinat, gekocht, ausgedrückt und fein gehackt, 1 EL Olivenöl.*
Füllung: *200 gr Rinderhack, 50 gr Mortadella, 50 gr Butter, 2 EL Olivenöl, insgesamt 5 EL feingehackten Staudensellerie, Zwiebel und Möhre, 100 gr passierte Tomaten, Salz und Pfeffer.*
Béchamelsauce: *1 Liter Milch, 50 gr Mehl, 50 gr Butter, 50 gr geriebener Parmesan, Mußkatnuß, eine Prise Salz. Bei Verwendung von fertigen Lasagneblättern je nach Angabe des Herstellers vorkochen; es gibt auch Lasagne ohne Vorkochen, dann bereitet man die Béchamelsauce mit etwas mehr Milch zu, ca. 1,2 Liter.*
Außerdem geriebenen Parmesan für die Füllung und zum Bestreuen.

Für die Sauce die Butter in einem Topf schmelzen lassen, das Mehl einrühren und die in einem anderen Topf bereits zum Kochen gebrachte Milch unter stetigem Rühren mit dem Schneebesen hinzugießen. 5 Minuten unter stetem Rühren köcheln, dann den Käse einstreuen, würzen und vom Feuer nehmen.

Den Nudelteil zubereiten wie im Rezept für »Cabalette als pesto« beschrieben (s. S. 34); den Spinat dabei mit verarbei-

55

Daß die Lasagneblätter grün sind – auf italienisch eben »verdi« –, empfiehlt sie für ein Gericht zu Giuseppe Verdis Musik. Umgekehrt dürfte klar sein, welche Musik man zu einem Essen auflegt, das ausschließlich aus grünen Zutaten besteht, so am Gründonnerstag …

ten. Dünn ausrollen und in Rechtecke schneiden. Jeweils in kleinen Portionen in kochendem Wasser kurz garen, dann abtropfen lassen.

Für die Fleischsauce in einem Topf Öl, Butter, gehacktes Gemüse, das Fleisch und die kleingeschnittene Mortadella anbraten, bis das Hackfleisch Farbe angenommen hat. Salzen, pfeffern, die Tomaten und möglicherweise etwas Wasser hinzugeben und zugedeckt mindestens eine halbe Stunde köcheln lassen.

Eine feuerfeste Form buttern und mit einer Schicht Lasagne auslegen, dann je eine Schicht Fleischsauce und Béchamelsauce darübergeben, mit geriebenem Käse bestreuen, dann wieder mit einer Lage Nudeln beginnen, bis die Zutaten verbraucht sind. Die letzte Schicht soll Béchamelsauce sein, die mit Käse und Butterflöckchen bedeckt wird. Im auf 200° vorgeheizten Ofen ca. 25 Minuten lang backen und in der Form servieren.

♫ SALON DER GRÄFIN MAFFEI
(Vanille-Violinschlüssel)

Francesco Maria Piave war der berühmteste Librettist der ersten Schaffensperiode Verdis, seit 1842, dem Triumph von *Ernani*; er schrieb die Vorlagen zu *Rigoletto* und *La Traviata*.

Im Fall von *Macbeth* war die Zusammenarbeit von Komponist und Librettist schwierig, ja mühsam. Außerdem war es durchaus nicht leicht, Shakespeares Drama für Opernzwecke umzugestalten. Gewisse Teile sperrten sich geradezu. Als Mitte Dezember 1846 die Komposition weit fortgeschritten war, traf Verdi eine Entscheidung: Er bat den Dichter und Librettisten Andrea Maffei, verschiedene Teile neu zu schreiben, namentlich die große Hexenszene des dritten Akts und die Nachtwandel-

Szene des vierten. Ironie des Schicksals: Ausgerechnet diese Teile waren Gegenstand der härtesten Kritik – von der sie Piave zugeschrieben wurden.

Maffei, ein Schüler von Vincenzo Monti und Librettist der *Masnardieri*, wurde vor allem als Übersetzer von Dramen aus dem Deutschen, besonders von Schiller, und aus dem Englischen bekannt. Seinen Ruf gründet jedoch vor allem darauf, daß er 1832 die sehr viel jüngere Clara, genannt Clarina, heiratete, Tochter des Grafen Carrara Spinelli aus Bergamo, eine der Frauen, die im italienischen Risorgimento eine tragende Rolle spielte. Clara wurde als Gastgeberin eines der illustresten Salons von Mailand bekannt; hier wurden liberale Ideen diskutiert, von Verdi, Carlo Tenca, Arrigo Boito und Aleardi. Sie war eine enge Freundin und wichtige Unterstützerin Verdis und trennte sich ausgerechnet eben im Jahr 1846 von ihrem Mann. Zwei Jahre darauf nahm sie am Mailänder Maiaufstand gegen die K. u. K. Donaumonarchie teil, worauf sie zum Exil in der Schweiz gezwungen war.

In ihrem Salon, neben dem der Prinzessin Belgioioso in Paris einer der bekanntesten und innovativsten des 19. Jahrhunderts, dürften Tee, Süßigkeiten und Kekse keine kleine Rolle gespielt haben. Daher hier ein Rezept für Kekse in Form von Violinschlüsseln.

250 gr Mehl, 1 Tütchen Backpulver, 125 gr Zucker, 1 Tütchen Vanillezucker, 1 Prise Salz, 3 Eigelbe, 200 gr Butter, 125 gr gemahlene Mandeln; 30 gr Puderzucker zur Dekoration.

Mehl zusammen mit dem Backpulver auf eine Arbeitsfläche sieben. Eine Vertiefung in der Mitte machen, Zucker, Vanillezucker, Salz, die Eigelbe, die in Stücken geschnittene Butter sowie die Mandeln hineingeben. Rasch von den Rändern her zu einem homogenen Teig verarbeiten und diesen zur Kugel geformt eine Stunde im Kühlschrank kalt stellen. Dann ca. 30 cm lange, dünne Schlangen formen, auf ein gebuttertes Backblech geben und jeweils in die Form eines Violinschlüssels bringen. Bei 180-200° 10 bis 12 Minuten lang backen, vom Backblech nehmen und noch heiß mit Puderzucker bestreuen.

♪ RÄUCHERHERING
»Londoner Rauch«

Bevor er sich 1846 an die Arbeit zu *Macbeth* machte, hatte Verdi eigentlich eine Reise nach London geplant, mit der Absicht, eine neue Oper für Her Majesty's Theatre des berühmten Impresarios Benjamin Lumley zu schreiben, doch er mußte das Vorhaben absagen, da er fortwährend unter Magen-Darm-Beschwerden litt. Der Reiseplan wurde dann im Folgejahr realisiert, 1847, als Verdi zur Londoner Premiere der Masnadieri reiste. Gern hätte Verdi die Gelegenheit genutzt, seine Kenntnisse der Shakespeareschen Theaterwelt zu vertiefen, doch beängstigten ihn, der vom Lande stammte, große Städte zu sehr. Bei einer früheren Reise nach Paris hatte er das Hotel so gut wie gar nicht verlassen, und das Klima Londons, damals mit seinen zwei Millionen Einwohnern größte Stadt der Welt, stimmte ihn deprimiert. Wie üblich stammen die Berichte darüber von seinem treuen Muzio, der in seinen Briefen jede Stimmungsschwankung des Meisters festhielt:

»Byron sagt: 'In England gibt es neun Monate mit Winter und drei Monate ohne Sonne, und das sagte Byron, der größte Dichter seines Landes ...

In London ist es kalt, nichts als Regen, nichts als Wind, und der Maestro bezweifelt, daß hier jemals die Sonne scheint, denn er hat sie wegen des beständigen Nebels noch nicht zu Gesicht bekommen. Dieses Wetter greift die Nerven unbeschreiblich an.«

Verdi verließ das Haus kaum und ließ all die vielen Einladungen, die ihn unablässig erreichten, absagen: »Erstens vergeudet man zu viel Zeit, zweitens ist dieses Essen voller Gewürze und Pfeffer ungenießbar, drittens ist das Essen kalt, und der Wein ist so spritig, daß er wirkt wie Rum.«

Nein, jener Juni 1847, den Verdi in London verbrachte, war keine glückliche Zeit. Was ihn jedoch am meisten deprimierte, war »dieser beständige Rauch, der die Sicht verpestet und in den Augen brennt«.

London war zu jener Zeit Metropole der Industrialisierung; eine freundliche Interpretation des damals schon herrschenden Smogs ist dieses Rezept mit Räucherhering, eine Leckerei nicht nur für englische Feinschmecker.

FÜR 4 PERSONEN: *200 gr Räucherhering, 2 grüne Äpfel, mit der Schale in Würfel geschnitten, 2 EL Öl, 1 EL Essig, 1 Prise Pfeffer, 1 EL gehackte Petersilie, Basilikum und Minze.*

Den Hering unter dem Grill kurz erwärmen, dann häuten und in Stückchen zerpflücken, diese in einer Schüssel mit Apfelwürfeln und Kräutern vermengen und mit der frisch aufgeschlagenen Öl-Essig-Sauce würzen. Vor dem Servieren kurz durchziehen lassen.

ZWEITER AKT

♪♪ MOKKA-HEXEN
(Windbeutel mit Creme)

Auf den breit angelegten ersten Akt der Oper folgt ein bewegterer, abwechslungsreicherer zweiter. Nachdem ein kurzes Orchestervorspiel uns die prägnantesten musikalischen Themen des Verbrechens aus dem ersten Akt noch einmal vorgeführt hat, begegnen wir in einem Saal des Schlosses dem hohen Paar wieder. Lady Macbeth spricht ihrem verzagten Mann auf fast mütterliche Weise Mut zu. Das Geschick sei ihnen günstig, Malcolm, Duncans Erstgeborener, nach England geflohen (Duncans zweiten Sohn, Dunalbain, der nach Irland floh, wird bei Verdi nicht erwähnt). Malcolm ist durch seine Flucht des Vatermords verdächtig und hat seinen Anspruch auf den Thron verwirkt; jetzt ist der Weg frei für Macbeth, Cousin des toten Königs.

Macbeth hat nun alles, was ihm prophezeit wurde: Er ist Than von Cawdor und von Glamis, und nun auch Schottlands Herrscher. »Erfüllt ist der Hexen Orakel, und König bist du!« sagt die Lady. Zugleich aber erinnert Macbeth sich an eine weitere Weissagung der Zauberweiber, die ihm nicht geringe Sorgen macht: »Doch nannten nicht die Hexen Banquo Vater den Kön'gen? Wenn das auch wahr wird!« Wieder entsteht in der Zwiesprache mit der Lady ein Mordplan, dessen Opfer diesmal Banquo und sein Sohn Fleance sein sollen.

An bucklige Hexen mögen die mit Mokkacreme gefüllten Windbeutel erinnern, die wir an dieser Stelle empfehlen.

FÜR 8 PERSONEN: *24 mittelgroße, ungefüllte Windbeutel vom Bäcker oder tiefgekühlt, 1/4 Liter Milch, 1 Eigelb, 25 gr Stärkemehl, 25 gr Zucker, 200 gr Butter (zimmerwarm), 220 gr Puderzucker, 1 Tütchen Vanillezucker, 2 kleine Tassen doppelt starker Espresso.*

Milch, Eigelb, Zucker, Vanillezucker und Stärkemehl miteinander verrühren und auf kleinem Feuer langsam und stetig rührend zum Kochen bringen. Durchkochen lassen, bis die Creme andickt, dann vom Feuer nehmen. Abseits die Butter mit dem Schneebesen oder den Rührstäben der Küchenmaschine schaumig rühren, nach und nach den Puderzucker unterarbeiten, schließlich den Espresso. Dann die Creme dazugeben und alles gut miteinander mischen. Mit dem Spritzbeutel die Windbeutel füllen und mit Puderzucker bestäuben.

Windbeutel lassen sich natürlich auch im Haushalt herstellen. Für ca. 24 Stück braucht man 1/4 Liter Wasser, 1 Prise Salz, 60 gr Butter oder Margarine, 150 gr Mehl und 4 Eier. Daraus einen Brandteig zubereiten: Wasser mit Salz und Fett in einem Topf zum Kochen bringen; das Mehl hineinschütten und unterrühren. Bei mittlerer Hitze so lange rühren, bis sich erst ein weißer Belag am Topfboden bildet und schließlich der Teigkloß ballt und leicht vom Boden löst. Dann in eine Schüssel umfüllen und ein Ei nach dem anderen mit den Knethaken des Handrührers einarbeiten. Mit einem Löffel in den Spritzbeutel füllen. Diese Menge ergibt bis zu 35 kleinere »Profiteroles«, wie sie in Italien und Frankreich beliebt sind (hierzu Kugeln von ca. 4 cm Durchmesser spritzen) oder rund 12 Windbeutel (7 cm Durchmesser). Auf gefettetem oder mit Backpapier ausgelegtem Blech bei 200° ca. 25-30 Minuten backen.

♫♫ SCHMORBRATEN IN »RABENBLUT«

In der ersten Szene des zweiten Aktes begegnen wir einem veränderten Macbeth – nicht mehr die Lady ist die treibende Kraft hinter dem nächsten Mord, sondern ihr Mann zieht in eigener Regie die notwendigen Schlüsse aus der Tatsache, daß Banquo samt Sohn noch lebt. »Eh die Fledermaus geendet ihren klösterlichen Flug« (bei Shakespeare, III, 2) will er die »Tat furchtbarer Art«, den Mord an seinem Freund und Kampfgenossen, ausgeführt haben. Während bei Verdi Lady Macbeth von der Nacht singt (in der berühmten Arie »Nun sinkt der Abend« – »La luce langue«), beschwört im Theaterstück ihr Mann die Krähe, die zum abendlichen Wald hin fliegt.

Die Krähe ist ebenso wie der Rabe ein altes Märchen- und Sagenmotiv, das für Weisheit wie für Tod stehen kann; in der klassischen Psychoanalyse deuten sie auf die Angst vor dem Unbekannten. Auch der Schauerroman bedient sich des schwarzen Vogels, und in Edgar Allen Poes epischem Gedicht *Der Rabe* kommt er in das Zimmer der Hauptfigur geflattert und wird dort allmählich zu Stein.

Von finsterem Rot ist ein bekannter Wein aus Sizilien, der »Rabe« heißt: Corvo – mit der Herkunftsbezeichnung »di Salaparuta«. Diesen Wein, also »Rabenblut«, verwenden wir in unserem klassischen Rezept für einen Schmorbraten.

FÜR 6 PERSONEN: *ca. 1 kg Rinderschmorbraten, ca. 1/2 Liter Corvo di Salaparuta oder anderen schweren, dunklen Rotwein, 1 Zwiebel, 1 Möhre in feinen Scheiben, 1 Knoblauchzehe, 1 Zweig Thymian, 1 Lorbeerblatt, 1 Gewürznelke, 1 Stiel Staudensellerie, 2 EL Öl, 30 gr Butter, Salz, Pfeffer, 1/2 EL Mehl.*

Das Fleisch salzen und pfeffern, in einer nicht zu geräumigen Schüssel in Rotwein, einer Viertel Zwiebel, der zerquetschten Knoblauchzehe, der Möhre, Thymian, Lorbeer und der Nelke für 10-12 Stunden marinieren (länger ist kein Schaden), zum Beispiel über Nacht. Sellerie und restliche Zwiebel fein hacken, in einem schweren Bratentopf mit Öl und Butter andünsten, das abgetropfte und mit Küchenkrepp abgetrocknete Fleisch hineingeben und auf allen Seiten gut anbräunen. Mit dem Mehl bestäuben, die Marinierflüssigkeit durch ein Sieb hinzugeben. Zugedeckt auf kleinstem Feuer für mindestens drei Stunden schmoren, nötigenfalls Rotwein oder etwas Fleischbrühe angießen.

♪ LADY-SELIGKEIT

(Sahnedessert mit roten Früchten)

Während Macbeth abgeht, seiner nächsten Tat entgegen, singt die zurückgebliebene Lady ihre bereits erwähnte Arie »Nun sinkt der Abend«, die Verdi erst in der 1865er Version einfügte. Harmonien und Instrumentierung dieser Arie sind gleichsam eine Hymne an die dunkle Nacht, die Begünstigerin blutiger Handlungen, und geben eine Vorahnung der unbewußten Gewissensbisse, die die Lady in der großen Szene des Schlafwandelns im vierten Akt vorführen wird.

Im Abschlußteil der Arie tritt die Machtlust der Dame jedoch wieder ungemindert zutage: »Welche Seligkeit, daß alle sich nun vor mir neigen! Alle Wünsche schweigen, denn die Krone schmückt mein Haupt!« – jetzt, da Banquo und sein Sohn getötet werden.

Diesem geradezu sinnentrunkenen Entzücken der Lady widmen wir ein cremig-fruchtiges Dessert, das den Blutdurst aufs beste sublimiert.

FÜR 4 PERSONEN: *100 gr Erdbeeren, 100 gr Walderdbeeren (nötigenfalls aufgetaut und abgetropft), 1/4 Liter Schlagsahne, 50 gr Zucker, ca. 6 cl Grand Marnier oder Cointreau, 4 Amaretti, Minzblätter.*

Den Zucker in 2 EL Wasser aufkochen und lösen, vom Feuer nehmen. Wenn der Sirup abgekühlt ist, ca. 4 cl Likör dazugeben und die Flüssigkeit über die gewaschenen und geputzten Erdbeeren geben. Pürieren und für eine Stunde kaltstellen. Die Sahne steifschlagen, die Erdbeeren hinzugeben, gut vermischen und schließlich die Hälfte der Walderdbeeren unterheben. In vier Dessertgläser je einen Amaretto zerkrümeln, mit ca. 1 EL Likör beträufeln, die Fruchtsahne darübergeben, mit den restlichen Walderdbeeren und Minzeblättern dekorieren.

♪ RÄUCHERLACHS MIT DILLBUTTER

Wir befinden uns nunmehr im Park des Schlosses und werden Zeuge eines Chores von Mördern. Dieser Auftritt, typisches Beispiel für die »Verschwörungsszene« im Drama des 19. Jahrhunderts, ist ein kleiner Umweg Verdis, bevor die schreckliche Tat erfolgt. Wir wissen, gleich werden wir einem Mord beiwohnen, doch zuvor erklingt ein munteres, ja fröhliches Stück, wenn auch eher konventioneller Machart. Wie schon bei den Hexen erweitert Verdi um des musikalischen Effektes willen Einzelfiguren des Dramas zu ganzen Chorgruppen. Auf uns Heutige mag der Zusammenstoß der schottischen Szenerie mit dem italienischen Männergesangsverein, der hier gemütvoll und melodisch auftritt, ironisch oder komisch wirken, Verdi wird in diesem Mittel eine Möglichkeit gesehen haben, sein Publikum zu befriedigen. Gedämpfte Paukenschläge und fast wie schunkelnd anmutende Klänge untermalen die blutige Drohung: »Zittre Banquo, nach euch beiden ist das Messer schon gezückt!«

Unterdessen kommt der Angesprochene mit seinem Sohn, und Verdi läßt ihn eine Arie singen, »Sieh, wie vom Himmel schwer herab finstere Wolken hangen!« (»Come dal ciel precipita«) – anders als Shakespeare, bei dem Banquo keinen Monolog zu sprechen hat; mithin haben wir es mit einer genuinen Eigenschöpfung der Oper zu tun. In einer solchen Nacht, sagt Banquo, ist Duncan von den Verrätern umgebracht worden.

So lange die dramaturgischen Vorbereitungen zu diesem Mord gedauert haben, so schnell wird er vollbracht. »Fliehe, mein Sohn! Verräter, Mörder!« kann Banquo noch rufen, schon ist er erstochen. Fleance entkommt, von einem Mörder verfolgt.

Das Bild der blutüberströmten Leiche bringt uns makabrerweise auf den Gedanken an rosigen Räucherlachs.

FÜR 4 PERSONEN: *200 gr erstklassiger schottischer Räucherlachs in Scheiben, Vollkorntoast, 100 gr Butter, zimmerwarm, 2 EL fein gehackter Dill, Zitronensaft und Zitronenscheiben.*

Die Butter mit einem Holzlöffel weichrühren, Dill und einige Tropfen Zitronensaft hineinarbeiten, zu einer Rolle formen und in Alufolie im Kühlschrank fest werden lassen. In Scheiben geschnitten, begleitet die Dillbutter den schottischen Lachs:

Den Räucherlachs auf einer Servierschale anordnen, mit Zitronenscheiben garnieren. Das Brot toasten und in eine Serviette gehüllt warm servieren.

TRINKSPRUCH DER LADY

Jetzt, im glanzvollen Finale des zweiten Aktes, befinden wir uns im Schlosse angesichts einer zum Bankett gedeckten Tafel: Macbeth und seine Lady laden zur Krönungsfeier.

Der Chor begrüßt ihn als Herrscher Schottlands; er läßt die Gäste Platz nehmen und fordert seine Gattin auf, mit einem Trinkspruch alle zu begrüßen: »Die Tafelfreuden würze uns ein Gruß aus holdem Munde.«

Sie läßt sich nicht zweimal bitten, beschwört alle dunklen Schatten, sie mögen fliehen, nur »lachendes Leben erfülle die Brust«; und »den vollen Becher laßt froh uns erheben!« trinkt sie der Versammlung zu. »Wer denkt ans Sterben, eh er gemußt?« sinniert sie, und niemand ihrer Gäste ahnt, welche Hintergedanken sie dabei bewegen.

Nein, sie schenkt ihren Gästen keinen reinen Wein ein, wirklich nicht. Wir wollen es ihr keinesfalls gleich tun und wei-

67

sen daher auf unsere Aufstellung verschiedener zu den hier aufgeführten Köstlichkeiten passender Weine am Ende des Buches hin.

♪♪ FONDUE BOURGUIGNONNE

Der Chor der Gäste antwortet wie ein Echo auf den Trinkspruch der Gastgeberin. Wir schlagen ein Gericht vor, das ganz ausgezeichnet für eine fröhliche Runde um einen Tisch geeignet ist, dazu zwei raffinierte Saucen.

FÜR 4 PERSONEN: *800 gr bestes Rindersteakfleisch, möglichst Filet, in ca. 2 cm große Würfel geschnitten, ca. 1/2 Liter geschmacksneutrales Pflanzenöl.*
Gorgonzola-Sauce: *80 gr Gorgonzola, 4 EL Pinienkerne, ein Dutzend Walnüsse, Olivenöl, Salz, Pfeffer*
Kapernsauce: *1 EL Dijon-Senf, 3 EL süße Sahne, 1 Glas Olivenöl, Saft von einer halben Zitrone, 1 EL feingehackte Petersilie, 2 EL Kapern, 1 Cornichon, Salz, Pfeffer.*

Das Öl für das Fondue in einem Topf auf dem Herd erhitzen und in den Fondue-Topf gießen; den Spirituskocher entzünden. Jeder Gast spießt mit seiner langen Fondue-Gabel ein Stück Fleisch auf, gart es im kochenden Öl und würzt es nach Lust und Laune mit bereitstehenden Saucen und Kräutern. Pikant und ungewöhnlich sind diese beiden Dips:
 · Für die Gorgonzolasauce im Mörser oder Mixer Pinienkerne und Nüsse zermahlen, den in Stückchen geschnittenen, zimmerwarmen Käse dazugeben und mit einem Holzlöffel ein-

68

arbeiten. Öl, Salz und Pfeffer hinzugeben und gründlich durchmischen, bis eine glatte Sauce entstanden ist.

Kapernsauce: Senf und Sahne verquirlen, das Öl erst tropfenweise, dann in einem feinen Strahl dazugeben, ständig weiterschlagen, wie für eine Mayonnaise. Schließlich Zitronensaft, Petersilie, Kapern und das in Würfelchen geschnittene Gürkchen darunterrühren, salzen und pfeffern.

Beide Saucen können natürlich auch im Mixer oder mit der Küchenmaschine zubereitet werden.

♪ BANQUOS GEIST (FRUCHTSALAT)

In diesem Augenblick zeigt sich einer der gedungenen Mörder an einem Seiteneingang des Bankettsaals; Macbeth geht hin und erkundigt sich ungeduldig, ob der Auftrag ausgeführt ist. »Du hast Blut an deinen Händen!« bemerkt er, und tatsächlich, es ist Banquos Blut – allerdings nicht Fleances, denn der Sohn des Opfers konnte fliehen, wie Macbeth jetzt erfährt, zu seiner großen Beunruhigung: »So bin ich wieder krank«, sagt er bei Shakespeare, denn er weiß: »Das entflohne Gewürm ist giftig einst, nach seiner Art; doch zahnlos jetzt« (beides Akt III, Szene 4). So geht die Prophezeihung der Hexen nicht nur im Guten, sondern auch im Bösen in Erfüllung, und Macbeth wird von rastloser Unruhe ergriffen.

Seine Lady ruft ihn zurück zum Tisch, doch o Schreck, sein Platz ist schon von Banquos Geist besetzt, nur für Macbeth sichtbar.

Wir verstärken Macbeths Schrecken, indem wir einen erfrischenden Fruchtsalat in einer ausgehöhlten, mit einem Gesicht und gebleckten Zähnen beschnitzten Melone servieren.

1 große, runde, reife Wassermelone – vorzugsweise ohne Kerne -, 2 EL Zucker, 1 Zuckermelone, 2 große, reife Pfirsiche, ca. 1 Pfund rote Trauben, Saft einer Orange und einer Zitrone, 1 Gläschen Portwein.

Mit einem scharfen, schmalen Messer das obere Viertel der Melone in Zickzackform abschneiden; als Standfläche am entgegengesetzten Ende flach zuschneiden. Mit einem Melonenausstecher (behelfsweise einem Teelöffel mit scharfem Rand) das Fruchtfleisch ausstechen, gegebenenfalls die Kerne entfernen, und in eine große Schüssel geben. Das Fleisch der Zuckermelone ebenso herauslösen. Die Trauben waschen und halbieren (auch hier können die Kerne entfernt werden, eine Mühe, die sich lohnt), die Pfirsiche halbieren, entkernen und in Würfel schneiden; beides in die Schüssel geben. Mit Orangen- und Zitronensaft, Portwein und Zucker würzen, gut mischen und für mindestens zwei Stunden kühlen.

An der Melone Augen, Nase und Mund schnitzen, indem man nur die obere grüne Schale abhebt, so daß das hellere Innere zum Vorschein kommt. Wenn möglich, auch die Melone kaltstellen. Zum Servieren den Salat hineinfüllen.

♪♪ BLUTIGE LOCKEN
(Spiralnudeln)

Die Erscheinung, eine Projektion von Macbeths nagenden Schuldgefühlen, läßt ihn weiter halluzinieren. Die Königin freilich bewahrt einen kühlen Kopf und versucht, die Gäste zu beruhigen, die sich über das verzweifelte Gebaren ihres Gastgebers wundern. Macbeth spricht den ihm erschienenen Geist an und beschwört ihn: »Hör auf, mit dem blutigen Haupte so zu nicken!« Bei Shakespeare klingt das noch präziser und drastischer, denn Macbeth spricht dort von »blut'gen Locken« – in die Dramaturgie der Küche übersetzt: Spiralnudeln mit Fleisch-Tomaten-Sauce.

FÜR 4 PERSONEN: *400 gr hohle Spiralnudeln (Fusilli bucati), 250 gr Rinderhack, eine Möhre, ein Stiel Staudensellerie, 1/2 Zwiebel, 1/2 Glas Olivenöl, 300 gr passierte Tomaten, 20 gr getrocknete, in Rotwein eingeweichte Steinpilze, Salz, Pfeffer, ein Stich Butter, geriebener Parmesan.*

Fleisch, Öl, das gehackte Gemüse, Salz und Pfeffer in einem kalten Topf aufsetzen und erhitzen, braten, bis das Fleisch Farbe angenommen hat. Den Rotwein von den Pilzen hinzugeben und verkochen lassen. Die grob gehackten Pilze und passierten Tomaten einrühren, zum Kochen bringen und zugedeckt auf kleiner Flamme gut eineinhalb Stunden köcheln. Danach die Butter unterrühren.

Die Nudeln al dente kochen, abgießen, mit der Sauce mischen und mit Parmesan servieren.

100 gr trockene Nudeln sind die Menge pro Person, die für ein Hauptgericht geeignet ist. Bereitet man dieses Rezept als klassischen, italienischen »Primo«, also vor einem Hauptgang zu, genügen 75 gr pro Person. Die Menge der Sauce kann entsprechend angepaßt werden – kann, muß aber nicht!

♪♪ OCHSENBRATEN
MIT KARTOFFELN UND SARDELLEN

Der Geist beziehungsweise Macbeths Reaktion auf diese Erscheinung hat der Lady die Freude am Fest verdorben. »Und du willst ein Mann sein?« packt sie ihn bei seiner Ehre. Ja gewiß sei er einer, und ein kühner dazu, der zu schauen wagt, was andere entsetzen würde, verteidigt er sich. Dann wendet er sich wieder dem Geist zu. Die Lady bezeichnet ihn als »von Sinnen«, im englischen Originaldrama meint sie gar, er sei »ganz entmannt

71

von Torheit«. Wir greifen den Hinweis auf und servieren einen aromatischen Ochsenbraten, ist das Rindvieh doch zugleich Inbild des Dummkopfs – »Du Ochse!« – und ein entmannter Stier.

FÜR 4 PERSONEN: *800 gr Schmorbraten aus der Ochsenkeule, ohne Knochen, 100 gr durchwachsener Speck, in Streifen geschnitten, 1 Glas Weißwein, eine Zwiebel, in Scheiben geschnitten, 1 kg Kartoffeln, 2 Sardellen in Öl, eine Knoblauchzehe, 1 Zweiglein Rosmarin, Öl, Butter, Salz und Pfeffer.*

Den Braten mit dem Speck und einigen Nadeln Rosmarin spicken, salzen, pfeffern und mit Küchengarn nicht zu fest in Form binden. Mit Zwiebeln, je etwas Öl und Butter in einem schweren Schmortopf aufsetzen und von allen Seiten anbräunen. Den Wein angießen und den Braten zugedeckt auf kleinem Feuer eineinhalb Stunden schmoren, dabei hin und wieder drehen und mit Bratensaft begießen. Dann die geschälten und gewürfelten Kartoffeln und die beiden zerpflückten Sardellen sowie die zerquetschte Knoblauchzehe hinzugeben und eine weitere halbe Stunde schmoren.

♫♫ OSSO BUCO MIT SAFRANRISOTTO

Lady Macbeth stimmt zum zweiten Mal ihren Trinkspruch an, wieder von den Gästen beantwortet, doch der Geist erscheint Macbeth erneut. Verdi komponiert einen überwältigenden Kontrast zwischen dem gewollt heiteren Trinklied und der Panik, die den Fürsten befällt. Diesmal läßt sich die blutige Erscheinung nicht so leicht vertreiben, sie tanzt Macbeth vor den Augen herum. Der ist entsetzt: »Marklos ist dein Gebein, dein Blut ist kalt; du hast kein Anschaun mehr in diesen Augen.«

Osso buco, die Beinscheiben vom Kalb, sind nun mitnichten marklos, was diesem klassisch lombardischen Gericht besondere Würze verleiht.

FÜR 4 PERSONEN: *4 Beinscheiben vom Kalb à 250 gr, etwas Mehl zum Wälzen, 50 gr Butter, 5 EL gemischtes gehacktes Gemüse (Sellerie, Möhre, Zwiebel), 1/2 Glas Weißwein, 400 gr passierte Tomaten, geriebene Schale von einer Zitrone, ein Bund fein gehackte glatte Petersilie, Salz und Pfeffer.*
Für den Risotto: *300 gr Rundkornreis, vorzugsweise Arborio oder Vialone, 50 gr Butter, 1/2 fein gehackte Zwiebel, 1 Tütchen Safran, 3/4 Liter Brühe, 1/2 Glas Weißwein, 4 EL geriebener Parmesan.*

In einer großen Pfanne das gehackte Gemüse in der Butter andünsten. Die Beinscheiben leicht in Mehl wälzen, salzen und pfeffern, in der Pfanne von beiden Seiten anbräunen, dann den Wein angießen und verkochen lassen. Die Tomaten darangeben – falls sie zu dickflüssig wirken, etwas heißes Wasser hinzufügen –, und bei aufgelegtem Deckel rund eineinhalb Stunden schmoren lassen.

Zitronenschale und gehackte Petersilie mischen und zum Osso buco servieren; einen kleinen Löffel nicht vergessen, mit dem aus der Mitte des Knochens das Mark entnommen werden kann, ein von Feinschmeckern besonders geschätzter Bissen.

Dazu gibt es Safranrisotto: In der Butter die Zwiebel leicht andünsten, den Reis hinzugeben, rühren, bis er glasig ist. Den Weißwein angießen und einkochen lassen. Nun nach und nach die heiße Brühe (am besten Fleischbrühe) hinzugeben und unter häufigem Rühren einkochen lassen. Nach ca. 18 Minuten sollte der Risotto gar sein. Etwas Safran – eher vorsichtig dosiert – in ein wenig Brühe auflösen, zum Risotto geben, noch etwas

Dünstet man anfangs zusammen mit der Zwiebel Rindermark an, so wird aus dem Safranrisotto der klassische Risotto alla milanese.

Butter und den Parmesan unterrühren und zugedeckt einige Minuten stehen lassen.

♪♪ BLUTPUDDING (Sanguinaccio)

Die beängstigende Vision verschwindet, und freudevoll singt Macbeth in einer aufsteigenden Phrase »Ich kann wieder atmen«, worauf seine Gattin sogleich absteigend kontert: »O Schmach über dich!«, wütend über die Wendung der Situation. Das Fest ist verdorben, die Gäste fliehen den Ort. Macbeth und Lady Macbeth bleiben allein; er erläutert seine Sicht der Dinge: So tief sei er ins Blut gewatet, daß »Rückkehr so schwierig wär als durchzugehn«, und so wolle er noch einmal die Hexen aufsuchen, um alles zu erfahren, was ihm noch blüht.

Ein blutiger Akt, zu dessen Ausklang wir den Sanguinaccio servieren, eine berühmte, äußerst üppige Süßspeise aus Neapel, die lokale Variante der in ganz Europa anzutreffenden, mal süßen, mal pikanten Rezepte mit frischem Blut.

1 Liter frisches Schweineblut vom Metzger, 500 gr Bitterschokolade, in Stücke geschnitten, 600 gr Zucker, 1 EL Schmalz oder 60 gr Butter, gemahlener Zimt.
Für die Creme: 1 1/4 Liter Milch, 150 gr Mehl, 300 gr Zucker, 5 Eigelb, nach Geschmack Orangeat, Zitronat, Pinienkerne.

Blut, Schokolade, Zucker und Schmalz bzw. Butter auf mittlerem Feuer langsam und unter Rühren zum Kochen bringen, bis die Masse dick und dunkel ist. Vom Feuer nehmen und

74

beiseite stellen. Für die Creme alle Zutaten im Topf kalt verrühren und ebenfalls langsam erhitzen, allerdings nicht kochen
lassen, da die Eigelb sonst gerinnen. Wenn sie den Rücken des
Holzlöffels überzieht ohne abzulaufen, ist die Creme fertig. Zur
Blutmasse geben, gut mischen und wiederum zum Kochen bringen. Einige Minuten köcheln, und beim Rühren möglichst nicht
an das »Kochende Blut« Banquos denken, der Macbeth schier in
den Wahnsinn treibt. Schließlich die Masse mit Zimt würzen
und, sofern gewünscht, Orangeat, Zitronat und/oder Pinienkerne hinzugeben.

♪ TUTTI TROPISCHER FRÜCHTE

Während bei Shakespeare das Paar allein bleibt, beläßt Verdi den
gesamten Hofstaat auf der Bühne und nutzt ihn für die große
Schlußszene des Aktes; Solisten und Chor singen alle gemeinsam,
»tutti«, wie die musikalische Bezeichnung lautet. Macbeth selbst
gibt dazu Anlaß mit seiner pianissimo vorgetragenen Bemerkung, er wolle »Was die Hexen bis heut' mir noch verborgen, (...)
ihrer Hand« entreißen. Bestürzung, gemischt mit Entsetzen und
Mitleid, ergreift die Gäste, deren Kommentare sich buchstäblich
zu Schreien steigern; Macduff und die anderen Lords samt Gefol-
ge urteilen, Schottland sei verkommen: »Lauter Räuber und Ver-
brecher, lauter Mörder rings im Land!«

Nach all den Schrecknissen dieses Aktes gib es zur
Erfrischung ein Tutti von Früchten; wer sich als Bühnenbildner
berufen fühlt, zögere nicht, die verschiedenfarbigen Scheiben in
phantasievollen Mustern auszulegen.

FÜR 4 PERSONEN: *1 Ananas, 2 oder 3 Kiwis, 2 Bananen, ein Dutzend Kum-*
quats (Zwergorangen), 1 Papaya, Saft einer Zitrone, Zucker, Maraschino.

Das Blätterbüschel von der Ananas abschneiden und in
die Mitte einer großen Servierplatte legen. Die Ananas schälen,
vierteln, das holzige Mittelteil entfernen, die Frucht in Scheiben
schneiden. Kiwis und Bananen schälen und scheibeln. Die Kumquats halbieren, das Fruchtfleisch der Papaya ebenfalls in Scheiben schneiden. Nun die Früchte für das Tutti um die Ananasblät-
ter dekorieren: einen Kreis Kiwi, einen Kreis Banane, dann die
Kumquats, die Ananas und schließlich die Papaya. Mit Zucker
bestreuen, Zitronensaft und Maraschino oder anderen passenden
Likör oder Schnaps darüberträufeln. Ein Genuß erst für die
Augen, dann für den Gaumen.

ENDE DES ZWEITEN AKTS

PAUSE AUF
ELISABETHANISCHE ART

Man weiß über das Leben Shakespeares nicht allzu viel, und die bekannten Daten sind oft widersprüchlich. Es gibt der Mutmaßungen viele; immerhin darf als sicher gelten, daß William Shakespeare im Jahr 1564 in Stratford-on-Avon geboren wurde, zu Zeiten der Herrschaft von Königin Elizabeth I. Sicher ist, daß er mit 18 Jahren die acht Jahre ältere Anne Hathaway heiratete, welche ihm drei Kinder gebar. Der junge Mann begann sich für das Theater zu interessieren und zog samt Familie nach London, wo er zusammen mit seinen Schauspieler- und Schreiberkollegen in den Tavernen saß. Seine Frau mag darunter gelitten haben, die Kunst tat es nicht.

Er mußte schon recht bekannt sein, als der Dichter Robert Green in den neunziger Jahren des 16. Jahrhunderts vom Neid zerfressen eine Schmähschrift verfaßte, in der er ihn als »Tigerherz in Dichterpelz« bezeichnete – eine Paraphrase auf einen Satz aus *König Heinrich VI* – und seinen Namen zu *Shakes-Scene* verwandelte, »Bühnenerschütterer«. Shakespeare wurde nicht nur Schauspieler und Autor, sondern auch Theaterdirektor, nämlich im berühmten Globe Theatre, für das er die Mehrzahl seiner Meisterwerke schrieb. Er war wohl kein bedeutender Schauspieler und spielte eher Nebenrollen, so das Gespenst des Vaters in *Hamlet*. Allerdings schien er für Komödien mehr begabt zu sein, so ist die Rolle des Falstaff in den *Die lustigen Weiber von Windsor* für ihn wie maßgeschneidert.

Durch all diese Aktivitäten erlangte er einen gewissen Wohlstand. Dann bestieg James I. Stuart, der ihn sehr schätzte, den Thron und verlieh seiner Truppe den Titel von »King's Men« sowie das Recht, in allen Städten des Landes aufzutreten. 1612 verwirklicht Shakespeare – übrigens ganz wie der alte Verdi, der sich nach Sant'Agata zurückzog –, jetzt reich und des Theaterlebens müde, einen lang gehegten Traum und zieht in die Nähe seiner Geburtsstadt, um dort das Leben eines Landedelmannes zu führen. Auf dem Landgut New Place verbringt er seine letzten Jahre in der Natur mit Gärten und Tieren – vor allem beschäftigt er sich mit Schweinezucht. Und in Stratford ereilt ihn 1616 der Tod; in der Trinity Church ist bis heute sein Grab zu sehen.

♪♪ STRATFORD-ON-AVON PORK PIE

Um uns für eine mögliche Pilgerfahrt nach Stratford zum Grab des großen Dichters zu stärken, bereiten wir eine Schweinefleischpastete zu, die uns in die rechte Stimmung bringen dürfte.

FÜR 8 PERSONEN: *200 gr roher Schinken in Scheiben, 500 gr Schweinelende, in dünne Scheiben geschnitten, 500 gr Kartoffeln, geschält und ebenfalls in Scheiben, 1 fein gehackte Zwiebel, Thymian, Lorbeerblatt, Petersilie, Salbei, 1 Eigelb, Salz, Pfeffer, 1 Packung tiefgefrorener Blätterteig.*
Für das Pilzpüree: *250 gr Champignons, 30 gr gehackte Zwiebel, 30 gr Butter, 1 EL Öl, 1 EL gehackte Petersilie, Salz, Pfeffer.*

Die Pilze fein hacken, die Zwiebel in Öl und Butter sacht andünsten, dann die Pilze hinzugeben, leicht salzen und zugedeckt auf kleinster Flamme einige Minuten Saft ziehen lassen. Dann die Hitze erhöhen und ohne Deckel die Flüssigkeit einkochen lassen. Pfeffern und nötigenfalls nachsalzen, die Petersilie daruntermischen.

Den Blätterteig nach Herstellerangabe auftauen und zu einem runden Blatt, für eine Pie-Form oder andere runde, nicht zu flache Backform ausrollen und zuschneiden. Boden und Wände der Form mit Schinken auskleiden, dann das Schweinefleisch daraufschichten, salzen, pfeffern und mit gehacktem Thymian und Lorbeerblatt würzen, darauf das Pilzpüree, gehackte Petersilie und Salbei und schließlich die Kartoffelscheiben und die gehackte Zwiebel. Ein knappes Glas Wasser angießen und die Form mit dem Teigblatt verschließen. An den Rändern gründlich andrücken, in der Mitte ein markstückgroßes Loch ausschneiden, den »Kamin«, durch den beim Garen der Dampf entweicht. Mit dem verquirlten Eigelb bestreichen und bei 180° rund 2 Stunden lang backen.

ZUPPA ELISABETTIANA

Die »englische Renaissance«, jene Periode Ende des 16. und Anfang des 17. Jahrhunderts, war politisch geprägt durch die Herrschaft der Tudor-Königin Elizabeth I., welche der Epoche ihren Namen gab; man spricht vom »elisabethanischen England«. Shakespeare gilt als der Künstler par exellence dieser Blütezeit.

Elizabeth war die Tochter von Heinrich VIII und Anne Boleyn; sie bestieg den Thron trotz gewisser Zweifel an ihrer Legitimität. Die damals noch recht starke katholische Partei bezeichnete sie stets als die »Bastardin« und hielt zu Maria Stuart, der Königin von Schottland, die Elizabeth später ohne Gnade hinrichten ließ. Ihr Schicksal diente nicht nur als Vorlage zu Schillers Drama, sondern auch für eine Oper von Gaetano Donizetti, *Maria Stuarda*, in der die Rivalität der beiden Frauen hinreißend gestaltet ist, so durch ein berühmtes Duett.

Elizabeth hatte zahlreiche Liebhaber, heiratete nie und hatte keine Kinder. Hart und skrupellos, wie sie war, wußte sie sich ihrer Favoriten zu bedienen, aber auch sich ihrer zu entledigen, wie des Grafens von Essex. Sie war mit männlicher Energie begabt, aber auch mit großer politischer Klugheit, die sie befähigte, in einer Zeit religiöser, wirtschaftlicher und geistiger Verwerfungen für Stabilität zu sorgen.

Nach dem Sieg über die spanische Armada im Jahre 1588 wird England von einer Welle des Nationalgefühls ergriffen, und eine künstlerische Blütezeit bricht an, sei es Theater, Bildende Kunst oder Musik. Von der letzteren zeugen die wunderbaren Madrigale und Lieder von Dowland, Gibbons, Wilbye und Morley, der seine glanzvollen *Triumphes of Oriana* der Königin widmete. Berühmt wurden auch die »Virginalists«, Komponisten, die für das Viginal schrieben, ein Cembalo mit rechteckigem Korpus.

So widmen wir dieser kunstseligen Epoche und der Tochter Heinrich VIII., unsere Süßspeise, die bekannte Zuppa inglese, – »zuppa« bedeutet hier ein mit Likör getränkter Kuchen – mit einer Dekoration aus Sahne und kandierten Früchten.

FÜR 10 PERSONEN: *1 Biskuitboden von ca. 300 gr, 300 gr gemischtes, klein-geschnittenes Obst (Pfirsiche, Erdbeeren, Himbeeren, Waldbeeren), mariniert mit 4 cl Orangenlikör oder Curaçao, 3 EL Zucker und 1 TL gemahlenem Kardamom.*
Für den Guß: *Ein Beutel roter Tortenguß, 1 Liter Wasser, Saft von 1 Zitrone.*
Für die Creme: *1 Liter Milch, 100 gr Stärkemehl, 200 gr Zucker, 3 Eier, geriebene Schale einer Zitrone.*

Den Biskuit in feine Scheiben schneiden und auf einer Platte auslegen. Mit Likör beträufeln. Das Obst in einer gleich-mäßigen Schicht darauf verteilen.

Den Tortenguß nach Herstellerangabe zubereiten, den Zitronensaft hinzufügen, noch heiß über das Obst gießen.

Die Creme zubereiten wie im Rezept für Diplomaten mit Creme (s. S. 24) beschrieben. Erkalten lassen und auf dem Obst verstreichen. Schließlich mit süßer geschlagener Sahne, kandierten Kirschen und anderen kandierten Früchten verzieren.

♪ KING JAMES' PUDDING

Es hieße die historische Wahrheit verfälschen, wollte man alle Verdienste des sogenannten »Elizabethan Age« Elizabeth I. zuschreiben; zumindest was die Künste betrifft, fiel die Ära zu guten Teilen in die Herrschaftszeit von James I., der 1603 die Nachfolge der Königin antrat.

Als Sohn von Maria Stuart war er der erste König dieses Hauses und der erste, der die Königreiche England, Schottland und Irland unter einer Krone einte. Seine wenn auch nie konsequent verfolgte Bildung war dennoch glänzend; er lernte Griechisch, Latein und Französisch, in seiner Jugend war er selbst Dichter. Berühmt war seine Bibliothek, die neben den Klassikern religiöse, historische und philosophische Schriften beinhaltete.

Daß er sich mit schottischen Ratgebern und Höflingen umgab, machte ihn dem Volk suspekt, das ihm ohnehin die großen Kosten seiner Hofhaltung und Prunksucht verübelte. Übrigens war er es, der den Titel »Baronet« schuf, um ihn gegen Geldzahlungen zu verleihen. Böse Zungen, die ihn zu Unrecht für einen schwachen Charakter hielten, prägten ein Wort, das zu jener Zeit umlief: Elizabeth sei Frau und König gewesen, James Mann und Königin.

Zu seinen gleichwohl vorhandenen politischen Meriten gehören Friedensbemühungen mit Frankreich und Spanien. Größte Verdienste erwarb er sich um die Künste; vor allem unter seiner Herrschaft florierten die Philosophie mit Namen wie Bacon oder Camden und die dramatische Kunst mit Ben Jonson oder Shakespeare. Auch der berühmte Architekt Benigo Jones war ein Schützling des Königs, der ihm die historische Neuordnung der Londoner Bausubstanz anvertraute. Sein besonderer Liebling aber war Shakespeare, dessen Größe und Kraft er spürte. Dem König, der sich seiner schottischen Heimat eng verbunden fühlte, widmete der Dichter denn auch seinen *Macbeth*. Unter James I. hat das englische Theater seine letzte gute Zeit; die Religionskriege und das Aufkommen der Puritaner führten zum Verbot allen Theaterspiels im Vereinigten Königreich.

Als typischer Vertreter seiner Zeit hing James I. mit Überzeugung dem Geister- und Dämonenglauben an; er war sogar der Verfasser eines Buches namens *Demonology*. Als er 1625 nach einem Jagdausflug heftige Fieberanfälle bekam, vertraute der Monarch, der Ärzte haßte, seine Gesundheit gewissen Damen an – vielleicht waren sie von den Hexen aus *Macbeth* gar nicht so verschieden –, die ihn mit wundersamen Tränken traktierten, worauf der unglückliche König diese Welt vorzeitig verließ.

Im Licht dieser königlichen Interessen kann man auch

den *Macbeth* sehen, dieses »schottische« Drama voller Hexen, Geister und Erscheinungen; in der bald folgenden großen Szene der Erscheinungen tritt wiederum Banquos Geist auf, und zwar durchaus als Vorvater der Stuarts interpretierbar.

650 gr rote Johannisbeeren oder Himbeeren, Zucker nach Geschmack, gebutterte Weißbrotscheiben, 1/2 l süße Sahne.

In einem Topf die Früchte zusammen mit Zucker je nach Süße des Obstes erhitzen und auf kleiner Flamme zu Kompott verkochen. Unterdessen Boden und Wände einer Suppenschüssel dicht an dicht mit gebutterten Brotscheiben auskleiden, die Butterseite nach innen gekehrt. Dann die Schüssel zur Hälfte mit Früchten füllen, eine Schicht Brotscheiben darauflegen und das restliche Obst darübergeben. Mit Brotscheiben enden – jetzt die Butterseite nach unten gekehrt. Mit einem Teller beschweren, der eben in die Öffnung der Schüssel paßt, abkühlen lassen und in den Kühlschrank stellen. Wenn der Pudding gut durchgekühlt ist, stürzen und mit Schlagsahne dekorieren.

♪♪♪ SAVARIN »GLOBE THEATRE«

Die Uraufführung des *Macbeth* fand im August 1606 im Schloß von Hampton Court statt, in Anwesenheit von James I. und des dänischen Königs Christian. Danach jedoch wurde das Stück auch im bekannten Globe Theatre gezeigt, das Shakespeare gemeinsam mit dem Schauspieler Richard Burbage leitete.

Das Globe wurde 1599 im Stadtviertel Southwark auf dem südlichen Themseufer errichtet, kreisförmig, rund 10 Meter hoch und mit drei Rängen versehen (1997 wurde das rekonstruierte Theater eingeweiht). Die Bühne maß 10 mal 12 Meter. In diesem mythischen Theater wurden die größten Werke Shakespeares aufgeführt.

Im Globe wie in anderen Theatern der elisabethanischen Zeit mischte sich die Aristokratie ohne weiteres mit Bürgern und Handwerkern. Das Publikum dürstete nach Sensationen und wollte alles: Blutrünstige Verschwörungen und geistreiche Dialoge, die Schrecknisse der Tragödien und die komischen Figuren der Komödien.

Die Bühne des Globe ragte wie eine Halbinsel ins Publikum hinein, das der Aufführung stehend beiwohnte; nur wenige Glückliche konnten in den Rängen oder auf der Bühne selber sitzen. So war es ein ausgesprochen publikumsnahes Theater, wenn es auch oftmals mit nur rudimentären Bühnenbildern auskommen mußte. Die aristotelischen Forderungen nach Einheit des Raums und der Zeit wurden fröhlich außer Acht gelassen, es fanden häufige und rasante Wechsel der Szenerie statt. Frauenrollen wurden von Jugendlichen oder jungen Männern verkörpert; zahlreich waren die Auftritte von Gespenstern und sonstigen Jenseitsfiguren, wie auch im *Macbeth*.

250 gr Mehl, 150 gr Butter – zimmerwarm und in Stücken –, 50 ml Milch, 20 gr Zucker, 10 gr Hefe, 4 Eier, 1 Prise Salz.
Zum Tränken: *100 ml Strega-Likör, 100 gr Zucker, 200 ml Wasser.*
Zum Dekorieren: *1/2 Liter Schlagsahne, 15 kandierte Kirschen.*

Für den Sirup den Zucker im erwärmten Wasser auflösen und den Likör hinzufügen.

Rund 1/3 der Mehlmenge mit der in der lauwarmen Milch aufgelösten Hefe verkneten und ca. 20 Minuten ruhen lassen. Unterdessen das übrige Mehl auf eine Arbeitsplatte sieben, in die Mitte die Eier, Zucker und eine Prise Salz geben und alles gut miteinander verkneten. Dann beide Vorteige miteinander mischen und dabei auch die Butter einarbeiten. Gründlich kneten, bis der Teig homogen und elastisch ist, dann zugedeckt in einer geräumigen Schüssel gehen lassen, bis er sein Volumen ungefähr verdoppelt hat. Eine spezielle »Savarin«-Form oder sonst eine runde Form mit Kamin in der Mitte buttern und den Teig hineinfüllen; sie sollte zu ca. 1/3 gefüllt sein. Für 15 Minuten im auf 220° vorgeheizten Ofen backen, dann aus der Form nehmen und noch warm mit dem Sirup tränken. Abkühlen lassen, mit der Sahne und kandierten Kirschen dekorieren.

Zu Strega-Likör und Ersatzmöglichkeiten s. das Rezept »Diplomaten mit Creme«. Klassischerweise wird ein Savarin mit Rumsirup getränkt, aber alle persönlichen Varianten sind möglich. Natürlich kann das Savarin auch in der Mitte mit Obstsalat oder Kompott gefüllt werden.

DRITTER AKT

Beim Auftakt zum dritten Akt befinden wir uns laut Szenenan-
weisung in einer dunklen Höhle – hierher wird binnen kurzem
Macbeth kommen, um sein Schicksal zu erfragen. Donner und
Blitz künden drei Gruppen von Hexen an, die sich wieder einmal um den brodelnden Kessel versammelt haben. Diese Höl-
lenszene erinnert an jene bei der Wolfsschlucht in Webers
Freischütz; auch dort wartet ein Kessel auf allerlei grausige Zutaten, die bei der Herstellung der magischen Kugeln benötigt werden.

»Feuer, brenn, und Kessel, walle!« murmeln die Hexen
bei Shakespeare (IV, 1), während sie in ihrem grotesken Tanz die
Geister der Hölle beschwören, auf daß diese ebenfalls im Kessel
rühren.

»Mächt'ger Zauber würzt die Brühe, Höllenbrei im
Kessel glühe!« – unser wunderbares, vegetarisches Rezept steht
dem Hexentrank sicher in nichts nach, nur daß die Zutaten ein
wenig üblicher sind als »Molchesaug und Unkenzehe, Hunde-
maul und Hirn der Krähe«.

FÜR 10 PERSONEN: *1 dicker Kürbis von 4-6 Kilo mit orangefarbenem Fruchtfleisch, 4 Scheiben Vollkorntoast, getoastet, 4 dicke Tomaten, in feine Scheiben geschnitten, 200 gr geriebener Parmesan, 200 gr Greyerzer in Stücken, 1/2 Liter süße Sahne,
1 TL Majoran (frisch oder getrocknet), Salz und schwarzer Pfeffer.*

Mit einem kleinen, spitzen Messer einen Deckel vom
Kürbis abheben, dann mit einem Löffel die Kerne und alles Fase-
rige herauskratzen. Den rohen Kürbis füllen: Eine Schicht zer-
pflücktes Röstbrot, eine Schicht Tomatenscheiben, Salz und Pfeffer, dann Parmesan und Käse. Auf diese Weise bis oben hin füllen.
Majoran mit der Sahne verrühren und diese langsam über die

Füllung gießen. Den Deckel auf den Kürbis setzen, ihn auf ein flaches Backblech stellen und bei 200° im Ofen garen, bis er gut weich ist und Saft austritt.

Schon ist der Hexenkessel fertig und kann vor den staunenden Gästen geöffnet werden. Jeder erhält einen Teil Füllung und dazu etwas Kürbisfleisch.

♫♫ RISOTTO MIT KATZENFISCH
(Wels)

»Wolfeszahn und Kamm des Drachen, Hexenmumie, Gaum und Rachen aus des Haifisch scharfem Schlund« finden sich des weiteren unter den appetitlichen Zutaten des Hexenbreis. Auch Paviansblut gehört hinein – man erinnere sich an den süßen Blutpudding auf S. 74. Dieselbe Hexe bemerkt bei Shakespeare: »Die gelbe Katz hat dreimal miaut« – die Dreizahl ist bei allen Ritualen notwendig, ob sie nun zur schwarzen Magie gehören oder zur weißen oder zum Märchen. Auch Verdi respektiert diese Tradition; im Libretto zu seiner Oper miaut »dreimal vor Liebe toll« die Katze. Heutzutage ist sie ein allgemein beliebtes Haustier, doch im Mittelalter war das weniger der Fall – sie war vor allem in Ägypten verbreitet –, und wer sich mit einer Katze umgab, galt als sonderlich und leicht verdächtig. Die schwarze Katze, bis heute ein Gegenstand des Aberglaubens, ist das Hexenrequisit schlechthin. Als der Mönchsritterorden der Templer 1312 mit einem Prozeß aufgelöst wurde, lautete einer der Anklagepunkte, die Mitglieder hätten Umgang mit diesem Tier gepflegt und in seiner Gestalt den Teufel verehrt.

Diesem sanften und freundlichen, wenn auch manchmal unberechenbaren Geschöpf widmen wir das folgende Rezept aus Mantua, einen Risotto mit Wels. Der Süßwasserfisch ist in fluß- und teichreichen Gegenden verbreitet, vor allem in Norditalien; auf Italienisch und anderen Sprachen heißt er »Katzenfisch« – ganz im Gegensatz zum bei Shakespeare mitgekochten Hai, dem »Pesce cane«, »Hundsfisch«.

FÜR 4 PERSONEN: *350 gr Rundkornreis, vorzugsweise Vialone oder Arborio, ca. 500 gr Wels, 2 Zwiebeln, 2 Möhren, 2 Stiele Staudensellerie, 1 Zitrone, 1 Lorbeerblatt, Petersilie, Butter, Öl, Salz.*

Eine Zwiebel, eine Möhre, ein Stiel Sellerie, eine Scheibe Zitrone und das Lorbeerblatt in 1 Liter gesalzenem Wasser aufkochen und 5 Minuten köcheln. Den Wels hinzugeben und auf kleinstem Feuer ziehen lassen. Wenn das Fleisch sich leicht von den Gräten lösen läßt, ist es gar. Das Fischfleisch in Stücke zerpflücken. Die restlichen, fein gehackten Gemüse in Öl andünsten und das Fischfleisch hinzugeben. Schmoren, bis der Fisch sich auflöst. Den Fischsud durch ein Sieb gießen und zur Zubereitung des Risottos verwenden: Den Reis in etwas Butter glasig werden lassen und kellenweise den heißen Sud angießen. Nach ca. 10 Minuten den Fisch und am Ende der Kochzeit einen Spritzer Zitronensaft, gehackte Petersilie und eine Nuß Butter hinzugeben.

♫♫ SEETEUFEL IN SAURER SAUCE

Ein Orchestervorspiel, das teilweise Themen der Ouvertüre auf-
nimmt, bringt uns zurück in die Stimmung des Hexensabbats aus
dem ersten Akt, auch wenn das Hexentreiben hier noch turbu-
lenter wird.

Unken und Kröten sind Requisiten, die bei einer solchen Gelegenheit, dem klassischen Hexenzauber, nicht fehlen
dürfen (heute weiß man übrigens, daß halluzinogene Substanzen
des Krötenschleims, von der Haut der Tiere geleckt, den Hexen
halfen, auf ihre »Reisen« zu gehen). Da die Kröte im Gegensatz
zum Frosch nicht eßbar ist, ziehen wir es vor, ein Gericht mit
Seeteufel zuzubereiten, jenem häßlichen, aber köstlichen, breit-
mäuligen Fisch, der fast nur aus einem enormen Kopf und einem
kleinen Schwanz zu bestehen scheint und auf italienisch »Coda
di rospo« – »Krötenschwanz« heißt.

FÜR 4 PERSONEN: *Ein Stück Seeteufel von ca. 1 kg, Essig, Salz, 1 Lorbeerblatt.*
Sauce: 170 gr Butter, 2 Eigelbe, 2 EL Essig, Saft von 1/2 Zitrone, Salz, Pfeffer.

Einen Liter Wasser mit dem Lorbeerblatt zum Kochen
bringen, leicht salzen und einen Schuß Weinessig dazugeben.
Den Seeteufel hineinlegen und rund 15 Minuten ziehen lassen;
nicht mehr wallend kochen, sondern nur köcheln. Von dem
knorpeligen Mittelknochen lösen, in Scheiben schneiden und
gleich mit der inzwischen zubereiteten Sauce servieren: Essig,
Salz und Pfeffer im Kochtopf rasch auf die Hälfte einkochen.
Etwas abkühlen lassen, einen EL Wasser hinzufügen, dann die
Eigelbe und 20 gr Butter hineinquirlen. Im Wasserbad (wer keinen speziellen Topf besitzt, stellt den Kochtopf in einen flachen,
größeren) erwärmen, dabei mit dem Holzlöffel rühren. Wenn die
Sauce beginnt dick zu werden, in drei oder vier Einzelportionen

die verbleibende Butter glatt einarbeiten, dazu jeweils einen EL
kaltes Wasser. Schließlich den Zitronensaft hinzufügen und die
Sauce über den Fisch geben.

♪ KÄSE-DIVERTISSEMENT

Nun beginnt die Folge der Ballette, die Verdi für die Pariser Version seiner Oper einkomponierte. In der französischen Oper
waren seit Lully, dem gebürtigen Florentiner und Begründer der
französischen Operntradition, und dann bis ins neunzehnte Jahrhundert hinein Tanzeinlagen, die Divertissements, üblich, die das
dramatische Geschehen der Tragédies auflockerten. Auch Italiener wie Rossini oder Donizetti komponierten solche Einlagen
für die Aufführung ihrer Werke in Frankreich. Verdi, der 1865
vom Théâtre lyrique eingeladen wird, kann sich dieser Tradition
nicht entziehen und absolviert die Aufgabe bravourös. In seiner
Komposition verschmelzen das Raffinement eines Délibes mit
den diabolischen Tönen eines Berlioz oder Gounod. Wirklich
bemerkenswert, welchen Weg der begabte Leiter der städtischen
Kapelle von Busseto zurückgelegt hat – eine Herkunft, die sich
auch hier wieder musikalisch ablesen läßt. Schon bei Shakespeare war im übrigen ein Tanz der Hexen um den Kessel vorgese-
hen.

So, wie diese Tanzeinlagen das blutige Geschehen des
Dramas auflockerten, unterbrechen wir unser üppiges Bankett
durch dreierlei Zubereitungen mit Käse – dem Anlaß gemäß je
einem Vertreter aus Italien, Frankreich und England.

SELLERIESCHIFFCHEN MIT GORGONZOLA
Einige Stengel Staudensellerie, 150 gr Gorgonzola, 100 gr Mascarpone (oder die entsprechende Menge Mascarpone-Gorgonzola-Schichtkäse)

Den Sellerie waschen, nötigenfalls vom Fuß her die Fäden abziehen, in ca. 8 cm lange Stücken schneiden. Beide Käsesorten mit dem Holzlöffel vermischen und die so erhaltene Creme in die Höhlung der Sellerieschiffchen streichen.

CROSTINI MIT WARMEM CHÈVRE
Baguettescheiben, französischer Ziegenkäse in Rollenform, Butter, Rauke, Kirschtomaten, Olivenöl, Salz.

Die Brotscheiben leicht antoasten, dann buttern und mit fein gescheibeltem Ziegenkäse belegen. Im heißen Ofen einige Minuten überbacken, bis der Käse zu laufen beginnt, dann auf einem mit Olivenöl und Salz gewürzten Bett von Rauke und Tomaten anrichten.

HIRTENPASTETE MIT STILTON
1 Packung tiefgefrorener Blätterteig, 100 gr Stilton (englischer Blauschimmelkäse), 100 gr Parmesan, 100 gr Mozzarella, 100 gr Fontina, 100 gr Emmenthaler, etwas Butter.

Den Blätterteig nach Herstellerangabe auftauen und ausrollen, eine rechteckige, feuerfeste Form buttern und damit auslegen, dabei eine ausreichende Menge zurückbehalten, um die Pastete mit Teigstreifen zu verzieren. Die in Würfel geschnittenen verschiedenen Käsesorten in die Form füllen, ein Gitter von Teigstreifen wie bei einer Linzertorte darüberlegen und die Pastete 25-30 Minuten bei ca. 200° schön goldgelb backen. Lauwarm servieren. Dazu paßt ein frischer grüner Salat.

♫♫ HEKATES FRUCHT (Apple Pie)

Der Chor der Hexen ist beendet, und die Bühne füllt sich mit Geistern, Teufeln und weiteren Hexen, die – nun ohne zu singen – um den Kessel tanzen, vivacissimo von diabolischen Bläserklängen begleitet. Dann ertönt eine sanfte Melodie der Violinen und des ersten Violoncellos: Hekate erscheint, die antike Nacht- und Höllenkönigin. Sie befindet das Werk der Hexen für gut – »So recht! Ich lobe euer Walten!« heißt es bei Shakespeare – und trägt ihnen auf, Macbeth über sein weiteres Schicksal zu unterrichten. Ihr machtvoller Spruch wird wiederum von donnernder Bläsermusik begleitet, die zugleich die finstern Konsequenzen erahnen läßt, welche das Geschehen für Macbeth haben wird.

Es mag seltsam anmuten, daß eine im alten Griechenland und Rom verehrte Göttin hier in der schottischen Szenerie auftritt, und in der Tat gibt es die Ansicht, daß die Figur von anderer Hand als von Shakespeare selbst hinzugefügt wurde. Sicher ist, daß Verdi ihr Erscheinen als Anlaß für seine Tanzeinlagen nutzte. Bemerkenswert ist, daß das Geschehen auf der Bühne stumm bleibt und die Handlung, ja sogar wörtliche Äußerungen nur im Notentext stehen, so »Hekate kündet an, Macbeth werde kommen und sie über sein Schicksal befragen (...) doch das Ende, das ihn erwartet, darf nicht weiter hinausgeschoben werden«. Was Verdi hier komponiert hat, ist mithin Programmmusik im reinsten Sinne: Die Töne »sprechen« für die Figuren auf der Bühne, welche sich indessen stumm bewegen. Auch opernpraktisch ist dies ein geschickter Griff des Komponisten: Bedeutung und Macht der Königin werden durch rein instrumentale Mittel verdeutlicht; würde sie singen, müßte man eine weitere hochdramatische Rolle besetzen, und dies nur für diese kurze Episode. Diese Lösung ist deutlich praktischer – und wirtschaftlicher dazu.

Hekate, die Tochter des Zeus und der Demeter, hatte ein Attribut, den Apfel, und so präsentieren wir an dieser Stelle den klassischen, englischen Apple Pie.

FÜR 4 PERSONEN: *250 gr Mehl, 120 gr Butter, Salz, 1 Kilo säuerliche Äpfel, 70 gr Zucker, geriebene Muskatnuß, 1 EL Zitronensaft, geriebene Schale von 1/2 Zitrone.*

Aus dem Mehl, 80 gr zimmerwarmer Butter und einer Prise Salz rasch einen Mürbeteig herstellen und eine Stunde kühl stellen. Unterdessen die Äpfel schälen, entkernen, achteln und in Scheiben schneiden. Die Äpfel in eine runde, genügend tiefe Backform füllen, die übrige Butter, Zucker, Muskatnuß, Zitronensaft und -schale darübergeben. Den Teig rund ausrollen und die Form damit bedecken; an den Rändern gut andrücken, in der Mitte ein Loch schneiden, als Kamin, durch den der Dampf entweichen kann. Bei 190° golden backen und lauwarm servieren.

♩♩ SATANSBRATEN MIT CURRY
(Hackfleischbällchen)

Die Hexen wissen, daß sie Hekates Anweisungen zu Macbeths Schicksal zu befolgen haben. Nun entschwindet ihre Meisterin unter erneutem Geblitz und Gedonner, und das Hexen- und Geistervolk beginnt einen schwindelerregenden Teufelswalzer. Der selige Dreivierteltakt kann ja je nach Komposition und Tempo durchaus diabolische Züge annehmen, was nicht nur bei vielen damaligen französischen Komponisten, sondern auch hier der Fall ist; Verdi erreicht diesen Effekt durch ein rasendes Allegro vivacissimo und durch fulminante Betonungen gegen den Takt.

Lady Macbeth würde die nun folgenden Hackfleischbällchen gewiß vergiftet reichen; wir begnügen uns mit einer ordentlichen Prise Curry.

FÜR 4 PERSONEN: *300 gr Rinderhack, 100 gr Wurstbrät, zerpflückt, 1 Ei, 1 alt-backenes, in Milch eingeweichtes und ausgedrücktes Brötchen, 1 EL geriebener Parmesan, 1 Bund glatte Petersilie, gehackt, 1 Knoblauchzehe, gehackt; etwas Mehl zum Wälzen, Öl zum Braten.*
Sauce: *50 gr Butter, 2 EL Madras-Curry, in einer Tasse lauwarmem Wasser gelöst, 200 ml süße Sahne, 1 Zwiebel, 1 Apfel, beide gehackt, Salz, Pfeffer.*

Die Zutaten zu den Hackfleischbällchen in einer Schüssel gründlich miteinander vermengen. Kleine Bällchen formen, leicht in Mehl wälzen, in heißem Öl braten und auf Küchenkrepp abtropfen lassen. Für die Sauce die Butter mit der Zwiebel und dem Apfel aufsetzen und 5 Minuten dünsten lassen, dann den Curry hinzugeben, salzen und pfeffern. 10 Minuten köcheln, dann die Sahne angießen und etwas einkochen lassen. Die Fleischbällchen in die Sauce legen, erhitzen und sofort servieren.

♪ FRUCHTHELME MIT EIS

Nun beginnt die große Szene der Erscheinungen, eine erneute Folge von Prophezeihungen des Kommenden. Die Hexen fragen Macbeth: »Willst du's hören von den Mächtgen, in deren Diensten gehorsam wir stehen, oder von uns?« Und Macbeth, der Herrscher, will gern von Herrschern informiert werden: »Ruft sie selber mir her, wenn sie enthüllen mir können der Zukunft dunkle Rätsel!« Und die Hexen gehorchen; feierlich, ja fast priesterlich beschwören sie die Geister zu den aus der Ouvertüre bekannten Schicksalsakkorden der Bläser: »Aus den Tiefen der Welt, aus den Höhen, steigt herauf, Geister ihr, steigt hernieder!«

Wie wandlungsfähig diese Hexen doch sind! Verdi selbst hat sie in einem berühmten Brief an den Musikverleger Tito Ricordi in Mailand charakterisiert: »Lümmelhaft und klatschsüchtig im ersten Akt, feierlich und erhaben im dritten.«

Ein Blitz knallt grell, und im Topf erhebt sich die erste der Erscheinungen: ein Kopf, von einem Helm bedeckt. »O Macbeth! Sei vor Macduff ja stets auf der Hut!« mahnt er den König und verschwindet. Sogleich aber erscheint ein mit Blut beflecktes Kind und scheint Macbeth zu beruhigen: »Bad in Blut dich und morde und wüte: Keiner straft's, den ein Weib hat geboren!« Als dritte Erscheinung zeigt sich ein Kind mit der Krone, das ein Bäumchen trägt; es prophezeit Macbeth, daß er unbesiegbar sei, »bis du siehst, daß bei Birnam der Wald wie ein Heer gegen dich rückt heran!« Macbeth frohlockt, denn all das scheint ihm ewige Herrschaft zu verheißen.

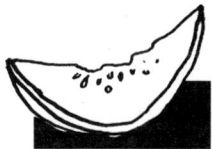

FÜR 4 PERSONEN: *2 reife Cavaillon-Melonen, 200 gr Vanilleeis, Gin, Zitronensaft.*

Die Melonen halbieren, die Kerne entfernen, das Fruchtfleisch mit einem Melonenstecher oder einem scharfrandigen Teelöffel ausstechen. Vom Eis ebensolche Kügelchen ausstechen und mit beidem die Melonenhälften füllen. Mit Zitronensaft und Gin begießen und servieren.

♪♪ APFEL-DUDELSÄCKE

(Apple Scotch Bagpipes)

Nun will Macbeth es genau wissen und fragt dringlich, ob Banquos Nachkommen seinem Thron gefährlich werden könnten; die Hexen raten ihm, Fragen zu unterlassen, doch er besteht darauf, droht ihnen gar mit seinem Schwert – und der Kessel verschwindet. Unterirdische Klänge sind zu hören, die eine der zauberhaftesten Stellen Verdi'scher Musik ankündigen. Shakespeare schreibt eine Oboe vor, um das Überirdische zu verkörpern, Verdi schafft einen Klang wie von einem Dudelsack, indem er zwei Oboen, sechs Klarinetten, zwei Fagotte und ein Kontrafagott in einer Kammer unter der Bühne spielen läßt.

Möglicherweise wollte Verdi mit dieser Klangkombination auf den Dudelsack anspielen.

FÜR 8 DUDELSÄCKE: 150 gr tiefgefrorener Blätterteig, 50 gr Rosinen, 10 Walnüsse, 4 Amaretti, 1 Apfel, geriebene Schale von 1/2 Zitrone, 1 Eigelb, 1 EL Quittengelee, gemahlener Zimt, etwas Butter und Mehl.

Die Rosinen in lauwarmem Wasser einweichen, abtropfen und trocknen. Die Walnüsse fein hacken. Den Apfel schälen, entkernen und in Würfelchen schneiden, mit den zerkrümelten Amaretti, den Nüssen, Rosinen und der Zitronenschale in eine Schüssel geben und mit etwas Zimt bestäuben. Gut durchmischen. Den Teig nach Herstellerangabe auftauen und ausrollen; mit einem scharfen Messer quadratische Stücke von 10 cm Seitenlänge ausschneiden und jeweils einen Löffel der Füllung in die Mitte legen. Dann die vier Ecken des Quadrates zusammendrücken, und zwar so, daß je zwei davon leicht gebogen nach oben weisen und auf diese Weise die Form eines Dudelsacks imitieren. Mit Eigelb bepinseln und auf einem gebutterten und bemehlten Backblech eine Viertelstunde bei 200° backen.

♪♪ KÖNIGLICHE PANTOMIME

(Bollito misto)

Noch einmal beschwören die Hexen die Geister, und vor Macbeths Augen ziehen acht Könige einher, als letzter Banquo, einen Spiegel in der Hand. Bei Verdi wendet er sich mit dem Spiegel zu den Königen, als wollte er anzeigen, daß sie seine Nachkommen sind. Auf der Bühne Shakespeares, so wird angenommen, diente der Spiegel dazu, James I. abzubilden, den Nachkommen Banquos, der im August 1606 bei der Uraufführung anwesend war.

Macbeth ist erschüttert und entsetzt, zumal Banquo seinem Mörder entgegenlacht. Er zieht das Schwert, das aber gegen die Erscheinungen nichts vermag. »Sie werden leben?« drängt er in die Hexen, die seine Frage bejahen. »Das ist mein Ende!« – Macbeth fällt in Ohnmacht.

Den ätherischen Königen stellen wir einen ebenso noblen, aber ungleich konkreteren Reigen verschiedener gekochter Fleischsorten gegenüber, den klassischen, italienischen Bollito misto.

FÜR 8 PERSONEN: *1/2 kg Rindfleisch (Tafelspitz), 1/2 kg Kalbsfleisch (aus der Nuß), 1/2 Hähnchen, 1 kleine Kalbszunge, 1 Cotechino (Schweinskochwurst aus Modena; im italienischen Spezialitätengeschäft erhältlich), Suppengemüse, 1 Lorbeerblatt, Salz. Grüne Sauce: 1 Bund glatte Petersilie, 1 gekochtes Ei, 1 Knoblauchzehe, 4 Sardellenfilets in Öl, 1 Brötchen, von der Kruste befreit oder 1 Handvoll Weißbrotkrumen, in Balsamessig eingeweicht, knapp 200 ml Olivenöl erster Qualität, 1 Gläschen Kapern, 1 Prise Zucker, Cayennepfeffer, Salz.* Außerdem: *200 gr Senffrüchte.*

Das Suppengemüse putzen und grob zerkleinern, mit dem Lorbeerblatt in einem großen Topf mit reichlich Wasser bedecken, salzen und zum Kochen bringen. Das Fleisch bis auf

Senffrüchte, eine der klassischen Beigaben zum Bollito misto, können leicht auch zu Hause hergestellt werden, ohne weiteres auf Vorrat. Dazu je 5 feste Äpfel, Birnen, kleine, unbehandelte Orangen, 300 gr Kirschen, 8 feste Aprikosen waschen und in mundgerechte Stücke zerkleinern. Jeweils nach Sorte getrennt in mäßig süßem Zuckerwasser nicht zu weich kochen. Die verschiedenen Sirups in einen Topf gießen, nachzuckern und mit Senfpulver abschmecken; je mehr, desto intensiver wird der interessante Kontrast zwischen Süße und Schärfe. Die Früchte auf kochendheiß ausgespülte Schraub- oder Einmachgläser verteilen, mit dem heißen Sirup begießen, abkühlen lassen und fest verschließen. Mindestens einen Monat ziehen lassen.

die Wurst waschen und dazugeben; aufkochen lassen, die Flamme klein stellen und 2 bis 2 1/2 Stunden sacht kochen lassen. Die Kochwurst anstechen, in einen Topf mit kaltem Wasser geben, zum Kochen bringen und 40 Minuten bis 1 Stunde köcheln.

Zunge, Kochwurst und Rindfleisch in Scheiben schneiden, Kalb und Huhn in Portionsstücke, und alles auf einer Servierplatte anrichten. Für die Grüne Sauce alle Zutaten im Mixer miteinander pürieren. Dazu Senffrüchte reichen.

♪♪ ELFENTANZ (MAISMEHLKUCHEN)

Bei Shakespeare beschließen die Hexen, den sichtlich bestürzten Helden zu erquicken: »Auf! zu ermuntern seinen Geist, ihm unsre schönsten Künste weist.« (IV, 1) – die Hexen tanzen und verschwinden. Bei Verdi ist der Protagonist buchstäblich in Ohnmacht gefallen, und wie im Traum wohnt er einem zaubrisch leichten Tanz von Elfen und Sylphiden bei, worauf er wieder zu sich kommt. Dieser erholsame Schlaf ist sein letzter Ruhepunkt vor dem abschließenden Blutbad.

Unsere Variante des »weichen Flügelschlags«, mit dem die Elfen Macbeth neue Seelenstärke spenden, ist ein berühmter, krümeliger Maismehlkuchen aus Mantua, die »Sbrisolona«.

FÜR 8-10 PERSONEN: *300 gr Weizenmehl, 300 gr feinstes Maismehl, 300 gr Zucker, 300 gr Butter, 3 Eigelb, 300 gr gehackte Mandeln, 1 Prise Salz, 1/2 Glas Strega oder anderer würziger Likör.*

Alle Zutaten bis auf den Likör gründlich miteinander vermischen, bis sie einen homogenen Teig ergeben; das kann einige Zeit erfordern. Ein Backblech buttern, ca 3/4 des Teiges daraufkrümeln und festdrücken. Das letzte Viertel ebenfalls daraufkrümeln, diesmal aber nicht glätten. Bei 200° 45 Minuten lang backen und noch heiß in Vierecke schneiden. Abkühlen lassen und leicht mit Likör besprenkeln.

♪ SCOTCH EGGS

Während bei Shakespeare an dieser Stelle Lenox Macbeth die Nachricht überbringt, daß Macduff nach England geflohen ist, kommt bei Verdi Lady Macbeth auf die Bühne. Ihr Mann berichtet sofort von den Erscheinungen und seinen wütenden Konsequenzen daraus: Macduff und seine Söhne müssen sterben, seine Burg brennen, Banquos Sohn muß gefunden und ebenfalls getötet werden. »Ha! Jetzt bist du wieder der echte Sohn deiner Väter!« freut sich die Lady, und der Akt schließt mit ihrer beider Duett, in dem sie Tod und Rache beschwören.

Verdi läßt nun den Mord in Macduffs Schloß in Fife aus, eine der herzzerreißendsten Szenen des Dramas, in der die gedungenen Mörder Lady Macduff und ihren kleinen Sohn antreffen, da diese dem Rat eines Boten, zu fliehen, nicht folgte. »Du Ei, Verräterbrut!« Mit diesen Worten fällt der Mörder das Kind an und ersticht es.

FÜR 3 PERSONEN: *3 gekochte Eier, 1 rohes Ei, 150 gr Wurstbrät, Semmelbrösel, Salz, Pfeffer, Öl zum Fritieren.*

Die gekochten Eier schälen und ringsum leicht mit Wurstbrät einstreichen, dann in dem verquirlten rohen Ei sowie den Semmelbröseln wälzen und in heißem Öl goldgelb fritieren. Auf Küchenkrepp abtropfen lassen und halbieren. Warm werden die schottischen Eier auf Röstbrot mit Tomatensauce serviert, kalt mit Kresse und Zitronenscheiben garniert.

ENDE DES DRITTEN AKTES

Dämonische Pause

♪ WEISSE MAGIE (PANNA COTTA)

Die Rolle der Magie bei Shakespeare können wir als Spiegel der Kultur seiner Zeit ansehen, nicht nur als ein märchenhaftes Element, denn die Renaissance war vom wissenschaftlichen Denken der Aufklärung noch weit entfernt. Im *Mittsommernachtstraum* bevölkern Elfen, Feen und Zwerge eine verzauberte Welt zwischen Realität und Phantasie. Der *Sturm* beginnt eben mit einem Sturm, den der Zauberer Prospero, der abgesetzte Graf von Mailand, entfesselt, um sich an seinen Feinden zu rächen, und das Drama bietet bis zu seinem Finale allerlei Zauberei und Verwunschenes. Auch dem *Wintermärchen* gibt das Magische Leben.

Magie war zu Shakespeares Zeiten nichts Abstraktes, sondern wurde als eine höchst konkrete Kraft im Leben angesehen. Auch die Heilkunst hatte eng mit ihr zu tun, ja, die Wirkung vieler Arzneimittelpflanzen entsprang direkt der sympathischen Magie (ein Zusammenhang, der sich bis in die Homöopathie hinein verlängern läßt).

Diese Welt glaubte ohne Einschränkung an die positive, die Weiße Magie, die dem Menschen als Teil des Universums hilft, durch die »Sympathie« nämlich, die alles Lebende verbindet; die Dämonen galten als Mittler zwischen dem Göttlichen und den Menschen. Weiß und magisch gut ist auch Panna cotta, das traditionelle Sahnedessert.

1 Liter frische süße Sahne, 4 Blatt weiße Gelatine, 150 gr Zucker, 1/2 Glas Cognac. Garnitur: 10-12 Baisers.

Die Gelatine in etwas Wasser einweichen. Die Sahne mit dem Zucker aufkochen, dann vom Feuer nehmen und die ausgedrückte Gelatine hineintun. Rühren, bis sie sich aufgelöst hat, nun auch den Cognac hineinrühren. In eine kalt ausgespülte Form oder Einzelförmchen gießen und kalt werden lassen (mindestens 2 Stunden), dann stürzen und mit Baisers garniert servieren.

Gern wird die Panna cotta auch mit Fruchtsauce genossen: Einfach ca. 400 gr Himbeeren oder Erdbeeren durch ein Sieb streichen, damit die kleinen Kerne entfernt sind, und mit 50 gr Puderzucker verrühren. Der Cognac in der Panna Cotta läßt sich durch Kaffee, Vanillearoma, Zitronenschale, oder Kakao ersetzen.

♪♪ SCHWARZE MAGIE (MOHNKUCHEN)

Neben der Weißen Magie, die dem Menschen günstige Umstände herbeiführen will, kennt der Aberglaube auch die Schwarze Magie, welche böswillige, bisweilen gar verbrecherische Ziele verfolgt. Zauberer oder Hexe machen sich hierzu Höllenmächte dienstbar. Eine wesentliche Aufgabe der Zauberer der Weißen Magie bestand darin, die üblen Kräfte der Schwarzen zu neutralisieren. In Wagners *Parzifal* finden wir beide Arten der Magie dargestellt, die Weiße im Karfreitagszauber, die Schwarze in Form des bösen Zauberers Klingsor.

Die Hexen werden gewöhnlich der Schwarzen Magie zugeordnet, auch wenn sie wie z.B. im *Macbeth* sich darauf beschränken, die Zukunft vorherzusagen. Ihre üble Wirkung besteht darin, ihm günstige Dinge vorherzusagen, dabei aber zu verschweigen, daß sie sich gegen ihn kehren werden, wenn er seinem Machtdurst nachgibt. Die Hexen mögen böse sein, da sie Macbeth den Keim zum Herrschaftsstreben einpflanzen, doch seine Machtgier ist wohl ungleich böser. Unseren sympathischen, so oft zu Unrecht angeklagten und verfolgten Hexen sei dieser schwarze Kuchen gewidmet.

200 gr Zucker, 8 Eier, 100 gr gemahlene Mandeln, 100 gr gemahlene Haselnüsse, 200 gr gemahlener Mohnsamen, 2 frisch geriebene Äpfel, 1 Tütchen Vanillezucker, 1 Tütchen Backpulver, Saft von 2 Zitronen, 1 Messerspitze Zimt, Kakaopulver zum Dekorieren.

Eier und Zucker mit dem Rührgerät schlagen, bis sie weiß und schaumig sind (ca. 5 bis 7 Minuten). Die anderen Zutaten hinzufügen und unterarbeiten. Die Masse dann in eine gebutterte und gemehlte Springform füllen und eine gute Stunde lang im auf 180° vorgeheizten Ofen backen. Abkühlen lassen, die Form abnehmen und den Kuchen durch ein Teesieb mit Kakaopulver überstäuben.

♪ BAGNA CAUDA
(Dämonen-Abwehr-Sauce)

Die Theaterwelt ist bekanntlich notorisch abergläubisch; England bildet da keine Ausnahme. Sei es wegen der Hexen, sei es wegen der vielen Todesfälle oder der dämonischen Lady, Shakespeares Drama genießt in England keine große Popularität. Oder hat diese Ablehnung doch einen politischen Hintergrund? Durchaus möglich, wenn man bedenkt, daß es auch als das »scottish play« gilt, das schottische Theaterstück also. Es wird aber eher seine Gründe im Aberglauben haben, daß manche Regisseure, so Peter Brook, sich beharrlich weigern, das Stück zu inszenieren. Die Schauspielerin Judy Dench schwor nach einer desaströsen Tournee durch Südafrika mit dem *Macbeth*, das Kleid der Lady nie wieder anzuziehen. Lilian Baylis, Direktorin des Old Vic Theatre, starb unversehens während einer Probe zu dem Stück, und Sir Laurence Olivier verstauchte sich den Knöchel, als er 1955 den *Macbeth* gab. Da Aberglauben nicht konsequent ist, gilt

106

er nicht Verdis Oper – dafür haftet der *Macht des Schicksals* ein ähnlicher Ruf an wie Shakespeares Stück.

Nun, um gegen jede Eventualität gewappnet zu sein, mag sich an dieser Stelle ein Rezept empfehlen, das dank seines großen Anteils an Knoblauch mit Sicherheit alle Geister vertreibt, die klassische Bagna cauda, »warme Sauce«, aus dem Piemont, die um so besser ist, je mehr Knoblauch man hineintut.

FÜR 4 PERSONEN: *200 ml Olivenöl, 100 gr Sardellenfilets, 5-10 Zehen Knoblauch, 30 gr Butter.*
Dazu: *ein gutes Kilo frisches Gemüse nach Wahl (z.B. Selleriestangen, Möhren, Paprika, Radicchio, Fenchel, Blumenkohl, Brokkoli, Radieschen, Champignons)*

Den Knoblauch hauchfein scheibeln, mit den Sardellenfilets und dem Olivenöl in einem Topf auf kleinster Flamme unter Rühren mit dem Holzlöffel köcheln, bis alles zerfällt. Das Öl soll nur heiß sein, nicht rauchen, damit der Knoblauch nicht bräunt. In einzelnen Schälchen mit Stövchen oder in einer Schüssel auf einem Kerzenlicht in der Mitte des Tischs servieren und warm halten, aber wiederum nicht köcheln. Jeder Esser tunkt selber Gemüse in die heiße Sauce und verzehrt es dann. Dazu Weißbrot.

In Öl eingelegte Sardellenfiletes müssen vor der Verwendung nicht weiter behandelt, sondern nur abgetupft werden; in Salz oder Salzlake eingelegte werden zuvor gewässert.

Vierter Akt

♩♩ SCOTCH BANNOCKS

Zum Auftakt des letzten, entscheidenden Aktes befinden wir uns an einem Ort zwischen Schottland und England; im Hintergrund liegt grün der Wald von Birnam. Schottische Flüchtlinge klagen ihr Leid um das bedrückte Vaterland – hier hat der Librettist aus den Worten des Rosse in Shakespeares Drama geschöpft (IV, 3). Dieser schmerzerfüllte, sehnsuchtsvolle Chor ist nicht weniger ein Zeugnis von Meisterschaft und Inspiration als der – berühmtere – aus dem Nabucco.

Nach dieser ergreifenden Einleitung begegnen wir Macduff, der in Rezitativ und Arie seine Kinder und Frau besingt, die von »den Krallen dieses Tigers« zerrissen wurden. »Ach, meine armen Kleinen, nicht konnt ich euch behüten«, macht er sich bittere Vorwürfe, denn er war ja bereits nach England geflohen. Unterdessen kommt Malcolm, König Duncans Ältester, an der Spitze eines Heers von englischen Soldaten, die ihm – mit den Stimmen des Chors – mitteilen, nunmehr sei man beim Wald von Birnam angelangt. Wir erinnern uns: Erst wenn dieser Wald auf ihn zukomme, könne Macbeth gestürzt werden, sagten die Hexen voraus. Biologisch schlecht möglich – aber im Theater und schon gar auf der Opernbühne durchaus machbar: Der Prinz befiehlt seinen Soldaten, sich mit Zweigen und Ästen zu tarnen; so werde Macbeth ihre Zahl nicht erraten können.

Dieser gefühlvolle und dramaturgisch geschickte Auftakt inspiriert uns zu einem typisch schottischen Gebäck, den »Bannocks«.

450 gr Mehl, 250 gr zimmerwarme Butter, 120 gr Zucker, 100 gr Orangeat und Zitronat, 70 gr gehackte Mandeln.

Butter und Zucker gemeinsam schaumig rühren, dann nach und nach das Mehl und zuletzt die kandierten Früchte und die Mandeln einarbeiten. Gründlich durchkneten. Dann in Frischhaltefolie über Nacht im Kühlschrank ruhen lassen. Anderntags in Stücke zerteilen, diese mit den Händen rasch zu Kugeln formen und flachdrücken. Auf einem gebutterten Backblech bei 175° 30-40 Minuten lang backen.

Traditionell wurden diese Kekse in Schottland aus Hafer- oder Gerstenmehl gebacken, und es ist natürlich möglich, das Mehl zumindest teilweise durch eines dieser nahrhaften und angenehm nussig schmeckenden Mehle zu ersetzen.

♪♪♪ SCHLAFWANDLER-TORTE MIT ORANGENCREME

Wieder einmal findet ein rascher Szenenwechsel statt, und wir befinden uns nun im Schloß von Dunsinan. Es ist Nacht, Lady Macbeths Kammerfrau schildert eben einem Arzt, daß seit dem Aufbruch des Königs ins Heerlager seine Königin allnächtlich schlafwandelt. Bei Shakespeare schreibt sie jeweils im Schlaf einen Brief, den sie dann versiegelt, bevor sie wieder zu Bett geht; Verdi übernimmt dieses Detail nicht. Was die Lady bei diesen Gelegenheiten spricht, das will die Kammerfrau keinem Menschen verraten; wir werden verstehen, warum.

Doch da kommt die Lady bereits, im Nachtgewand, eine Kerze vor sich hertragend. Ihre Augen sind weit aufgerissen, dennoch scheint sie nichts zu sehen. Was nun beginnt, ist eine der Kernszenen der Oper, die »Große Szene des Nachtwandelns«, zugleich eine Kernszene der Oper des neunzehnten Jahrhunderts überhaupt, ein großer melodramatischer Monolog. Von ihrem Gewissen getrieben, leidet die Lady unter Waschzwang, da sie Blutflecken an ihren Händen halluziniert, die immer und immer wieder hervorkommen und mit keinem Wasser, keiner Seife der Welt zu entfernen sind.

Verdi selbst beschrieb, wie er den Auftritt der Lady wünschte:

»Die Bewegungen müssen langsam sein, man darf sie nicht schreiten sehen; ihre Füße müssen über den Boden gleiten, als wäre sie eine Statue oder ein wandelnder Schatten. Die Augen starr, das Gesicht leichenblaß.«

Es sei uns nicht als mangelnder Respekt der Lady gegenüber ausgelegt, doch wie sie da die Kerze vor sich herträgt, läßt sie uns an eine mit Kerzen besteckte Torte denken.

Für den Biskuit: *4 Eier, 4 EL kaltes Wasser, 200 gr Stärkemehl, 200 gr Zucker, 1 Tütchen Vanillezucker, 1/2 Tütchen Backpulver.*
Zum Tränken: *100 ml Strega oder anderer aromatischer Likör oder Rum, 100 gr Zucker, 200 ml Wasser.*
Orangencreme: *200 gr zimmerwarme Butter, 125 gr Zucker, 1/2 Liter Milch, 2 saftige unbehandelte Orangen, 1 Ei, 1 Prise Salz.*
Zum Garnieren: *2 oder 3 schöne unbehandelte Orangen, in Scheiben geschnitten, Tortenguß aus 120 ml Wasser, einem Blatt Gelatine und 1 EL Zucker.*

Den Biskuit entsprechend der Angaben im Rezept für »Diplomaten mit Creme« (s. S. 24) zubereiten, allerdings in einer runden Form. Auskühlen lassen. Für den Sirup den Zucker im erwärmten Wasser auflösen, abkühlen lassen und den Likör einrühren. Für die Orangencreme die Milch mit der geriebenen Schale einer halben Orange und dem durch ein Sieb gegebenen Saft beider Früchte, dem Ei, Zucker und Salz in einem Topf gründlich mit dem Schneebesen verschlagen und langsam erhitzen, bis sie eben zu kochen beginnt. Vom Feuer nehmen und erkalten lassen, dabei hin und wieder durchrühren. Die Butter mit dem Rührgerät oder einem Holzspatel weichrühren und die Creme löffelweise unterarbeiten.

Mit einem scharfen, schmalen Messer die braune Oberfläche des Biskuit wegschneiden und ihn dann quer teilen (mit einem langen, scharfen Messer oder einem Bindfaden), Den unteren Teigkreis mit der Hälfte des Sirups tränken und mit der

Hälfte der Creme bestreichen. Den zweiten Boden darauflegen und ebenso verfahren. Dann mit Orangenscheiben garnieren und mit dem abkühlenden Tortenguß überziehen.

♪♪♪ HALBMONDE MIT NUSSFÜLLUNG

»Weg! Ich will es, verdammter Flecken!« kämpft die Lady mit ihren Ängsten. Der entsetzte Arzt erfährt aus ihren Worten, wer der Mörder Duncans war: »Doch wer ahnte auch schon bei diesem Alten eine solche Menge Blut?« fragt sie sich in Bezug auf den ermordeten König. Und auch Banquos Tod klärt sich für ihn. Mit allen Sinnen nimmt die Lady die Übeltaten wahr: »Es riecht ... nach Menschenblut! Und ganz Arabien versüßt nicht dieses kleine Händchen mit seinem Balsamduft, o weh!«

Verdis Musik atmet in dieser Szene eher Mitleid als Schrecken, und auch Arzt und Kammerfrau verfluchen die Grausame nicht, sondern erbitten Gottes Mitleid für sie.

Mag Arabiens Wohlduft ihr nicht helfen, unsere nußgefüllten Halbmonde aromatisiert er trefflich.

Füllung: *2,5 kg Walnußkerne, gemahlen, 500 gr Zucker, 1-2 Eiweiß, Orangenblütenwasser.*
Teig: *1,5 kg Mehl, 500 gr Butter, 3 Eigelb, evtl. wenig Wasser, um einen geschmeidigen Teig zu erhalten.*
Zum Garnieren: *Eine Tasse Orangenblütenwasser, Puderzucker.*

Die Nüsse mit dem Zucker, Eiweiß und soviel Orangenblütenwasser vermischen, daß eine weiche Masse entsteht.

Für den Teig alle Zutaten gründlich verkneten und portionsweise dünn ausrollen. Mit einem spitzen, scharfen Messer Rechtecke von ca. 25 x 10 cm Kantenlänge ausschneiden, jeweils etwas Füllung daraufstreichen – am Rand 2 cm freilassen -, aufrollen und zu Halbmonden biegen. Mit einem Zahnstocher mehrmals einstechen, auf ein Backblech legen und bei 180° golden backen; nach der Hälfte der Backzeit umdrehen.

Abkühlen lassen, dann in ein Schüsselchen Orangenblütenwasser tauchen und gleich hernach in Puderzucker wälzen.

♪♪ LADY-HERZ (KROKANT)

Bei Shakespeare (V, 1) bewertet der Arzt den Anblick der schlafwandelnden, ganz offensichtlich geistig zutiefst verwirrten Lady; er weiß, daß derlei Kranke, bei denen seine Kunst versagt, bisweilen in ihrem Bett sterben, wo »die kranke Seele will ins taube Kissen entladen ihr Geheimnis.«

Die Kammerfrau ist voller Abwehr: »Ich möchte nicht ein solches Herz im Busen tragen, nicht für den Königsschmuck des ganzen Leibes.«

Diese große Szene ist zugleich der Abschiedsauftritt der Lady; wir werden sie nicht wiedersehen. Grausam war ihr Ehrgeiz, und schnell kommt ihr Ende – in der nächsten Szene werden wir von ihrem Tod erfahren, nicht jedoch, wodurch er eintrat.

Das Herz der Lady ist hart, hart ist auch Krokant, doch ungleich köstlicher.

114

400 gr Mandeln, 400 gr Haselnüsse, 400 gr Honig, 100 gr Zucker, 100 gr Bitterscho-
kolade in Stücken, 1 Tütchen Vanillezucker.

In einer großen Bratpfanne ohne Fett Mandeln und
Haselnüsse rösten; zwischen den Händen oder in einem Küchen-
tuch reiben, um die braune Haut zu entfernen. Mandeln und
Nüsse mit der Teigrolle auf der Arbeitsfläche zerdrücken, so daß
ungleichmäßig große Stücke entstehen. Den Honig in einem
weiten Topf zum Schmelzen bringen, eine Viertelstunde lang
köcheln, dann den Zucker hinzufügen und weitere 5 Minuten
kochen lassen. Jetzt die übrigen Zutaten sowie die Mandeln und
Nüsse dazugeben und gründlich mit dem Holzlöffel vermengen.
Die Masse auf eine geölte Marmorplatte gießen und im Erkalten
mit einem nassen Messer in Herzform bringen.

♪ WALD-SALAT

Allein, verlassen und bedrückt sitzt Macbeth in einem Raum des
Schlosses Dunsinan. Er weiß, daß seine Feinde Macduff und
Malcolm sich mit den Engländern verbündet haben und heran-
marschieren. Noch will er sich auf die Prophezeihung der
Hexen verlassen, die da besagte: »Keiner straft's, den nicht ein
Weib geboren!« Allerdings kennt er mittlerweile auch den Preis
für sein Verhalten, weiß, daß niemand ihm mehr Freundschaft
oder nur Achtung entgegenbringt. »Wer dächte in Liebe mein?«
Nach dieser Arie, mit der Verdi noch einmal die Töne der
Menschlichkeit anklingen läßt, nimmt alles rasch und erbar-
mungslos seinen Lauf.

Frauenstimmen, dann die hereinstürzende Kammerfrau
berichten vom Tod der Lady. »Was ist denn das Leben?« Macbeth

empfindet nur noch Verachtung: »s'ist ein Märchen erzählt von 'nem Narren!«

Bei Shakespeare ist Macbeth noch ungleich abgeklärter und verhärteter als bei Verdi. »Leben ist nur ein wandelnd Schattenbild; ein armer Komödiant, der spreizt und knirscht sein Stündchen auf der Bühne und dann nicht mehr vernommen wird.« (V, 5)

Im Originaldrama weiß er an dieser Stelle schon, was bei Verdi erst in Kürze mitgeteilt wird: daß der Wald von Birnam aufs Schloß zieht – die Prophezeihung enthüllt ihr wahres Gesicht. Dem König Macbeth bringt der Wald das Verderben, uns die Zutaten zu einem köstlichen, kostbaren Salat mit Pilzen.

FÜR 4 PERSONEN: *400 gr Kaiserlinge in hauchfeinen Scheiben, 200 gr zarte Staudensellerie vom Inneren der Staude, in Stäbchen geschnitten, 100 gr Parmesan in schuppenartigen Stücken, mit dem Messer oder dem Käsehobel vom Laib gebrochen, Öl, Zitronensaft, Salz, weißer Pfeffer, einige innere Blätter Kopfsalat, gehobelter Trüffel.*

Kaiserlinge, »Funghi ovoli«, sind in Norditalien vorkommende, köstliche und höchst geschätzte, orange Speisepilze, die in der Regel in der hier beschriebenen Form roh genossen werden. Sie sind sehr teuer und bei uns nur selten erhältlich. Man kann sie kaum ersetzen; aber ein solcher Salat ist auch mit Champignons oder Steinpilzen ausgezeichnet. Bezüglich der Trüffel gilt das im Rezept zu »Getrüffelte Kapellen« (s. S. 49) Gesagte: Olivenöl mit Trüffelaroma ist ebenfalls köstlich, wenn auch kein völlig gleichwertiger Ersatz.

4 Cocktailschalen mit Salatblättern auslegen, dann mit den anderen Zutaten füllen. Mit Öl, Zitronensaft, Salz und Pfeffer würzen und etwas Trüffel darüberhobeln.

WALD VON BIRNAM
(Viererlei Fleisch)

Schon kommen Soldaten mit der Nachricht: »Dort bei Birnam der Wald, er bewegt sich!« Und Macbeth erkennt mit einem entsetzten Aufschrei: »Ha! So hat mich die Hölle betrogen!«

Wieder verwandelt sich die Szene, nun in eine von Wäldern umgebene Ebene, über die die Soldaten, mit Zweigen besteckt, voranrücken. Es gibt den Ort wirklich: Birnam ist ein hügeliger, wildreicher Wald in der Nähe von Dunkeld bei Dunsinan, rund zwanzig Kilometer nördlich von Perth. Er liefert einige Zutaten für viererlei Fleischgerichte.

TROCKENFLEISCH VOM HIRSCH MIT WACHOLDERBUTTER ♪
FÜR 4 PERSONEN: *300 gr Trockenfleisch (Bresaola) vom Hirsch, ersatzweise vom Rind, in hauchfeinen Scheiben, Zitronensaft, 100 gr Butter, zimmerwarm, 1 EL Wacholderbeeren, im Mörser fein zerstoßen, 1 Prise Salz.*

Die Butter mit dem Holzlöffel weichrühren, Wacholderbeeren und Salz unterarbeiten. Auf einem Servierteller oder in einem Holzfäßchen zu Tisch bringen, gemeinsam mit dem auf Tellern verteilten und mit Zitronensaft beträufeltem Fleisch.

HAMMELKOTELETTS ♪♪
FÜR 4 PERSONEN: *4 nicht zu dünne Hammelkoteletts, flüssige Butter, Salz, Pfeffer.*

Die Koteletts jedes in der Art einer Roulade zusammenrollen und mit einem Holzspießchen befestigen. Ca. 15 Minuten unter dem heißen Grill garen, dabei mehrfach mit flüssiger Butter bestreichen. Salzen und pfeffern.

WILDSCHWEIN IN SÜSS-SAURER SAUCE ♪♪

FÜR 5-6 PERSONEN: *1 kg schieres Fleisch vom Jungwildschwein, 1 Zweiglein Rosmarin, 1 Bund Petersilie, 1 Knoblauchzehe, 1 Zwiebel, 1 Möhre, 1 Stiel Staudensellerie, 5 EL Olivenöl, einige Lorbeerblätter, geriebene Muskatnuß, 2 Gläser Rotwein, 1/2 Liter Fleischbrühe, Salz, Pfeffer.*
Sauce: *1/2 Glas Rotweinessig, 1 EL ungesüßtes Kakaopulver, 1 EL Zucker, 1 EL Zitronat, kleingehackt, 1 EL geweichte Rosinen, 1 EL Pinienkerne.*

Das Fleisch in mundgerechte Stücke schneiden und bereitstellen. In einem genügend großen Schmortopf die fein gehackten Gemüse im Olivenöl andünsten, dann das Fleisch dazugeben und anbräunen. Mit Lorbeerblättern und Muskatnuß würzen, ein Glas Wein angießen. Auf kleiner Flamme köcheln lassen, dann und wann eine Kelle Brühe oder etwas von dem verbliebenen Rotwein dazugießen. Garzeit mindestens 2 Stunden, länger schadet nicht – wenn die Hitze gering genug ist. Am Ende sollte die Bratensauce eingedickt sein.

Abseits die Zutaten zur süßsauren Sauce einige Minuten auf niedriger Hitze köcheln und die erhaltene Flüssigkeit vor dem Servieren mit der Bratensauce vermischen.

PASTETE VON FASAN UND GÄNSELEBER ♪♪

350 gr rohe Gänseleber, 300 gr schieres Fasanenfleisch, 300 gr zimmerwarme Butter in Stücken, 3 EL Marsala oder anderer Süßwein, 1 EL Olivenöl, 1 Lorbeerblatt, 1 Tütchen weiße Instantgelatine.

Leber und Fleisch in kleine Stücke schneiden und zusammen mit dem Lorbeer und einem EL Öl in 50 gr Butter garen. Salzen und pürieren. Den Marsala hinzufügen und auf dem Herd einige Minuten einkochen, dann abkühlen lassen. Die Butter mit dem Holzlöffel schaumig rühren und mit der Fleischmasse sorgfältig vermischen. Die Gelatine nach Herstellerangabe zubereiten. Ein rechteckiges Gefäß mit Wasser ausspülen und eine fingerdicke Schicht Gelatine hineingießen. Im Kühlschrank fest werden lassen. Die Pastetenmasse hineinfüllen und mindestens 14 Stunden im Kühlschrank ruhen lassen. Eine halbe Stunde vor dem Servieren herausnehmen, entweder in der Form servieren oder stürzen; dazu den Behälter kurz in heißes Wasser halten, eine geeignete Platte darauflegen und beides zusammen umdrehen.

GROSSE DESSERTFUGE
MIT WALDFRÜCHTEN

Nun also zum Finale. Macduff begegnet dem Mörder seiner Kinder; der meint, er müsse ihn nicht fürchten, da keiner, der von einer Frau geboren sei, ihm etwas anhaben könne. Wieder ein furchtbares Erwachen: Macduff ist per Kaiserschnitt zur Welt gekommen – so kann man den Hexenspruch also auch verstehen. Macbeths letzte Hoffnung ist dahin, zwar wird er kämpfen, doch im folgenden Duell gewiß ums Leben kommen – so in der Pariser Fassung; in der Florentiner läßt Verdi ihn, bevor er auf offener Bühne stirbt, noch eine Arie singen, die in manchen Aufführungen mit berücksichtigt wird. Sie stellt Macbeths Selbsterkenntnis zur Schau: »Also büß ich, daß ich der Hölle Prophezeiung blind vertraute! (...) So sterb ich in Verdammnis, feiler Thron! Feile Krone! Für euch allein.«
     Für die musikalische Darstellung der Schlacht wählt Verdi genialerweise die Form der Fuge, bei der ein Thema und Gegenthemen miteinander wetteifern, »kämpfen«, wenn man so will. Bereits im 16. Jahrhundert hatte es Kompositionen namens »Bataille« gegeben, die ebenfalls in Fugenform geschrieben waren. So beschreibt Verdi selber seine Absicht in einem Brief:
     »Ihr werdet lachen, wenn Ihr erfahrt, daß ich für die Schlacht eine Fuge geschrieben habe!!! ... Der Wettstreit der The-

119

men und Gegenthemen, die zusammenprallenden Dissonanzen
können eine Schlacht recht gut nachstellen.«

THEMA: PFIRSICH MELBA MIT HIMBEEREN ♪♪

FÜR 4 PERSONEN: *4 große, gelbfleischige Pfirsiche, 250 gr Zucker, 1 Stange Vanille, 1/2 Liter Wasser, 1 kg Himbeeren (frisch und gewaschen oder aufgetaut), 1/2 Liter Vanilleeis.*

100 gr Zucker mit der Vanille und 1/2 Liter Wasser zu einem Sirup kochen. Die Pfirsiche überbrühen und schälen, halbieren, entsteinen und für 15 Minuten in den noch heißen Sirup legen. Unterdessen 3/4 der Himbeeren mit dem verbleibenden Zucker auf niedriger Flamme kochen und durch ein Sieb streichen. Abkühlen lassen. Entweder auf einer großen Servierplatte oder in Portionsschälchen das Eis verteilen, die Pfirsichhälften umgedreht darauflegen und die Höhlung mit Himbeerpüree füllen. Mit den übrigen Himbeeren dekorieren.

2. STIMME: CRÊPES MIT HEIDELBEEREN ♪♪

Für 10 Crêpes: *2 Eier, 140 ml Milch, 60 gr Mehl, eine Prise Salz, 500 gr Heidelbeeren (frische und gewaschene oder aufgetaute), 1/3 Liter süße Sahne, 2 EL Zucker, etwas Butter zum Backen.*

In einer Schüssel die Eier, das Mehl, die Milch und das Salz zu einem flüssigen Teig verrühren. Eine Stunde ruhen lassen, dann in der leicht gefetteten Pfanne bei nicht zu geringer Hitze die Crêpes backen.

Die Crêpes je mit einem gehäuften Löffel Heidelbeeren füllen, zweimal falten und mit gesüßter Schlagsahne dekorieren.

GEGENTHEMA: BROMBEEREISCREME ♪♪

600 gr Brombeeren, 1 Gläschen Kirschwasser, 100 gr Zucker, 1/2 Liter Schlagsahne.

Die Brombeeren ca. eine Stunde mit dem im Kirschwasser gelösten Zucker ziehen lassen, dann pürieren, durch ein Sieb streichen und mit der Hälfte der Sahne (geschlagen) vermischen. In eine Form geben und mindestens drei Stunden lang im Tiefkühler hart werden lassen. Den Rest der Sahne schlagen, eine Konditorspritze damit befüllen; den Behälter mit dem Eis kurz in warmes Wasser tauchen, dann auf eine Servierplatte stürzen und mit Sahne dekorieren.

DIVERTIMENTI MIT WALDERDBEEREN ♪♪

Für 14 Stück:

Mürbeteig: *150 gr Mehl, 90 gr Butter, 60 gr Zucker, 1 Eigelb, etwas geriebene Zitronenschale, eine Prise Salz, Butter und Mehl für die Förmchen.*

Füllung: *400 gr Walderdbeeren, 150 gr Schlagsahne, ein Glas Erdbeermarmelade.*

Für den Mürbeteig alle Zutaten rasch mit den Fingerspitzen verkneten, zur Kugel formen und in Frischhaltefolie mindestens 30 Minuten lang im Kühlschrank ruhen lassen. Dann ca. 3 mm dick ausrollen und 14 gebutterte und gemehlte Backförmchen damit auslegen. In jedes einen TL Erdbeermarmelade füllen und sie bei 220° gut 10 Minuten lang backen. Abkühlen lassen und aus den Förmchen lösen. In jedes einen Löffel Walderdbeeren füllen und mit etwas Schlagsahne garnieren.

Einzelne Mürbeteigförmchen, wie sie hier benötigt werden, sind auch in guter Qualität im Handel erhältlich.

2. GEGENTHEMA MIT NÜSSEN ♪♪

Für 40 Stück: *60 gr gemahlene Haselnüsse, 60 gr geriebene Walnüsse, 50 gr Zucker, 50 gr Mehl, 40 gr Butter, 1/2 Tütchen Vanillezucker, eine Prise Salz.*

Nüsse, Mehl, Vanillezucker und Salz miteinander vermischen. In einem Haufen auf die Arbeitsplatte geben, Ei und Butter in die Mitte tun und rasch mit den Fingerspitzen durcharbeiten. In eine Konditorspritze mit runder Tülle geben, ein Backblech mit Backpapier auskleiden und fingerdicke Teigstäbchen von ca. 5 cm Länge daraufsetzen. Bei 190° rund 12 Minuten lang backen.

ORGELPUNKT: GIN TONIC ♩
4 cl Gin, Saft von 1/2 Zitrone, Tonic Water, Eiswürfel.

Dieser Longdrink wird direkt im Glas zubereitet: Eiswürfel, Gin, Zitronensaft hineingeben und mit Tonic Water auffüllen. Mit einer halben Zitronenscheibe garnieren und einen Strohhalm hineinstecken.

♩♩ SCONES
(Englisches Teegebäck)

Im Schloß Dunsinan kommen die Sieger der Schlacht zusammen. Bei Shakespeare trägt – drastischer Effekt! – Macduff Macbeths Kopf herein und grüßt Duncans Sohn Malcolm als den neuen König.

Malcolm wendet sich an alle Anwesenden: »Und jetzt zur Krönung lad ich euch nach Scone.«

Der Ort Scone liegt mit seinem pittoresken alten Teil am Fluß Tay. Einige Zeit wurde hier der »Stein des Schicksals« verwahrt, den der Legende nach König Kenneth I. Mac Alpin hierhergebracht hatte, und auf dem die Könige von Schottland gekrönt wurden. Später gelangte der Stein nach Westminster und liegt noch heute unter dem Thron, der bei Krönungsfeierlichkeiten eingesetzt wird.

Für 20 Scones: *450 gr Mehl, 100 gr Butter, 50 gr Zucker, 1/4 Liter Milch, 1 Tütchen Backpulver, Backpapier.*

Die Zutaten in einer Schüssel miteinander verrühren, dann die Milch hinzufügen und alles zu einem gleichmäßigen, eher weichen Teig verarbeiten. Auf eine bemehlte Fläche geben, fingerdick ausrollen und mit einem Glas Kreise ausstechen. Restlichen Teig zusammenschieben und erneut ausrollen. Die Kreise auf ein mit Backpapier ausgekleidetes Backblech setzen und bei 200° rund 20 Minuten backen, bis sie aufgehen und eine schöne Farbe bekommen. Mit Schlagsahne und Marmelade zum Tee servieren.

♫♫ CHARLOTTE
»König von Schottland«

Verdi erspart uns zum Glück den Anblick des blutigen Hauptes, sondern läßt gleich alle zur Siegeshymne aufmarschieren. Soldaten, Barden und Volk jubeln Macduff zu, der den Usurpator getötet hat. Charakteristisch für dieses Siegesfinale ist, daß Soldaten und Barden – also die Männerstimmen – in Moll und mit martialischen Tönen Elend des Vaterlandes und Siegesruhm beschwören, während der Frauenchor in lichtem Dur, fast filmmusikhaft, das Lob Gottes singt, der den Rächer sandte. Schließlich vereinigen sich alle zu einem überschwenglichen Gesang.

Zur Krönungsfeier, zum Abschluß von Oper und Bankett, steuern wir eine cremig-fruchtige Köstlichkeit bei, inspiriert von der bekannten Charlotte Russe.

FÜR 10 PERSONEN: *300 gr Löffelbiskuits, 1 Liter Creme (wie im Rezept für Diplomaten mit Creme, s. S. 24), 400 gr gemischte Früchte, z.B. Orangen, Bananen, Erdbeeren und Waldfrüchte, Saft einer Zitrone und einer Orange, 2 EL Maraschino oder anderer Likör, 1/4 Liter Schlagsahne, 4 EL Zucker, 200 gr rote Johannisbeeren zum Dekorieren.*

Das Obst zerkleinern und mit 2 EL Zucker, dem Maraschino sowie dem Saft von Zitrone und Orange eine gute Stunde lang ziehen lassen; abtropfen.

Die Sahne steif schlagen und Wände und Boden einer großen Suppenschüssel damit ausstreichen; ca. 1/3 für die Dekoration zurückbehalten. Die Löffelbiskuits in das Sahnebett setzen und mit dem Saft des Fruchtsalats tränken. Eine üppige Schicht Creme daraufstreichen, dann den gesamten Fruchtsalat hineinfüllen. Mit Löffelbiskuits bedecken, diese wiederum tränken, eine erneute Schicht Creme einfüllen und dann mit Johannisbeeren bedecken. Die restliche Sahne in eine Konditorspritze geben und die Charlotte damit dekorieren, möglicherweise mit dem königlich schottischen Wappenlöwen.

WEINEMPFEHLUNGEN

Ob die Gerichte, zu denen uns Verdis Macbeth inspiriert, nun zu zweit, im familiären Kreis, mit Freunden oder gar als ganzes Bankett verspeist werden – der Genuß hängt zu keinem kleinen Teil auch von der Wahl des richtigen Weins ab. Hier mag jeder seine persönlichen Vorlieben haben; zur Orientierung geben wir dennoch einige Anregungen.

Beginnen wir mit den Rotweinen. Ein *Brachetto d'Asti* oder ein *Brunello di Montalcino*, zwei Italiener, die sich durchaus mit den besten Burgunder-Crus messen können und bei 18-20° serviert werden, sind ideal zu rotem Fleisch und Wild, würden also zum *Schmorbraten in »Rabenblut«* und zu *Wald von Birnam (Viererlei Fleisch)* passen, während ein *Barolo* oder ein *Château Margaux* das Richtige zur *Königlichen Pantomime* wäre. Der hervorragende *Lambrusco di Sorbara* – nicht mit der schlimmen Supermarktware desselben Namens zu verwechseln – kann die *Hexenkroketten* oder die *Lasagne »Verdi«* begleiten, während ein *Grignolino* das Richtige zum *Hexenkessel* sein dürfte. Zum *Osso buco* empfehlen wir einen *Gutturnio* aus der Region von Piacenza.

Zur *Fondue Bourguignonne* gehört natürlich ein Burgunder, zum Beispiel ein *Chambertin*, während zum *Stratford-on-Avon Pork Pie* und zum *Spanferkel* ein kardinalroter *Châteauneuf-du-Pape* aus Avignon sich eignet. Zum Ochsenbraten darf es der füllige *Cirò* aus Kalabrien sein, zu *Duncans Lamm* ein *Grumello*. Zu den *Hackfleischbällchen mit Curry*, unserem »Satansbraten«, gehört natürlich ein spezieller Wein aus der Valtellina, der *Inferno.*

Das *Käse-Divertissement* begleitet ein Bordeaux oder auch ein *Dolcetto* aus Asti.

Auch beim Weißwein haben wir die Qual der Wahl. Beginnen wir ganz unten im italienischen Süden: ein *Regaleali*, ein *Rapitalà* oder ein weißer *Corvo* wären passend zu den *Fischbrut-Eierküchlein*, zum *Nudelsalat des Bootsmanns*, zum *Risotto Poseidon* und der *Drachenkopf-Topf*. Zur *Reistrommel* empfehlen wir einen Rosé aus Salento.

Ein *Prosecco del Veneto*, ein *Tokai* oder einer der ausgezeichneten trockenen Rhein- oder Rheinhessen-Weine wären die ideale Ergänzung zu den *Marmorbrassen aus der Folie*, dem *Räucherhering »Londoner Rauch«*, dem *Risotto mit Katzenfisch* und dem *Seeteufel in saurer Sauce*. Wer es edel will, der läßt sich einen Champagner oder einen *Ferrari* zum *Räucherlachs mit Dillbutter* schmecken.

Desserts, Gebäck und Süßspeisen werden mit Süßweinen kombiniert. *Moscato* von Elba oder *Pantelleria*, gut gekühlt serviert, passen zu den *Diplomaten mit Creme*, dem *Fruchttraum* und dem *Elfentanz*; der ganz ausgezeichnete *Malvasia di Lipari* oder ein sizilianischer *Marsala* gehören zu den *Weibesbrüsten*, den *Halbmonden mit Nußfüllung* und zu den *Fruchthelmen mit Eis*. Ein *Moscato spumante* erster Qualität schließlich, sehr kalt genossen (4-5°), ist ein guter Begleiter der *Birnenkäuzchen*, der *Schottischen Torheit*, der *Flammen der Hölle*, der *Weißen Magie* wie der *Schwarzen Magie*. Zur *Zuppa Elisabettiana*, dem *Savarin »Globe Theatre«* und den *Apfel-Dudelsäcken* raten wir einen charakteristischen englischen Süßwein, dem Port nicht unähnlich: sein Name ist *Mead*. Und um uns nicht zu weit vom Thema des Gerichts zu entfernen, empfehlen wir schließlich zum *Blutpudding*, dem *Sanguinaccio*, einen *Sangue di Giuda* – »Judasblut«.

Recht folgenreich ist auch die Entscheidung, bei welcher Temperatur ein Wein genossen werden soll. Körperreiche Rotweine werden bei Zimmertemperatur serviert und einige Stunden vor dem Genuß geöffnet. Weißwein wird kalt getrunken, allerdings nicht totgekühlt, also bei 8-10°, während Champagner und Frizzante bis hinunter zu 5-6° vertragen.

Englischer Wein? Es gibt ihn! Er ist zwar keine Konkurrenz zum französischen, genießt jedoch einen recht guten Ruf. Unter den Weißweinen seien der in St. George in Sussex angebaute *Schonburger* genannt, der *Madeliene Angevine* aus Levensthorpe in Yorkshire, der ausgezeichnete *Bacchus* aus Shawsgate in Suffolk und die *Huxelrebe* aus dem kentischen Headcorn. Empfehlenswerte Rotweine wären der *Camel Valley Red* und der *Hidden Spring Darkfields*.

Nach dem Essen gäbe es wohl nichts Britischeres als einen alten Port – hier gibt es von guter Supermarktware bis zu uralten, unbezahlbaren Raritäten vieles zu entdecken. Doch Macbeth ist Schotte, also dürfen wir als Krönung mit den Whiskys enden. Wer welchen vorzieht, einen rauchig-torfigen oder einen fruchtig-leichten, das muß jeder selbst herausfinden. Sicher ist, daß zahlreiche Whiskys, zumal die Single Malts, es an Fülle des Aromas mit den besten Cognacs aufnehmen können – auch wenn kein Franzose das wird bestätigen wollen.

DISCOGRAPHIE (AUSWAHL)

1959 RCA: Leonard Warren (Macb.), Leonie Rysanek (Lady M.), Jerome Hines (Banquo), Carlo Bergonzi (Macduff); Orchester und Chor der Metropolitan Opera New York, Dir. Erich Leinsdorf.

1964 DECCA: Giuseppe Taddei (M.), Birgit Nilsson (Lady) Giovanni Foiani (B.), Bruno Prevedi (Macd.); Orchester und Chor der Accademia di S. Cecilia, Dir. Thomas Schippers.

1976 DG: Piero Cappuccilli (M.), Shirley Verrett (L.), Nicolai Ghiaurov (B.), Placido Domingo (Macd.); Orchester und Chor der Mailänder Scala, Dir. Claudio Abbado.

1976 EMI: Sherill Milnes (M.), Fiorenza Cossotto (L.), Ruggero Raimondi (B.), José Carreras (Macd.); New Philharmonia Orchestra, Ambrosian Chorus, Dir. Riccardo Muti.

1983 Philips: Renato Bruson (M.), Maria Zampieri (Lady), Robert Lloyd (B.), Neil Shicoff (Macd.); Orchester und Chor der Deutschen Oper Berlin, Dir. Giuseppe Sinopoli.

1986 DECCA: Leo Nucci (M.), Shirley Verrett (Lady), Samuel Ramey (B.), Veriano Luchetti (Macd.); Orchester und Chor des Teatro Comunale di Bologna, Dir. Riccardo Chailly.

INHALT

AN DEN LESER 5
PERSONEN DER OPER 7

Ouvertüre
OLLA PODRIDA 11

Erster Akt
HEXENKROKETTEN 14
SPANFERKEL 15
NUDELSALAT DES BOOTSMANNS 16
REISTROMMEL 17
HEXENBART 19
DRACHENKOPF-TOPF 20
DREIFACHER GRUSS:
       GLAMIS-PORRIDGE 22
       TOAST À LA CAWDOR 22
       SCOTCH SHORTBREAD (Teegebäck) 22
WEISSAGUNGS-SALAT MIT KEIMEN 23
DIPLOMATEN MIT CREME 24
GEIST DER UNTERWELT (Cocktail) 26
GEWITTERSTURM (Muschelragout) 27
KÖNIGSKRONE 28
BUCATINI LADY MACBETH 30
ÜBELTATEN DER LADY (Spinatgnocchi) 31
THE GOLDEN ROUND (Orangencocktail) 32
WEIBESBRÜSTE (Cremegebäck) 33
CABALETTE AL PESTO 34
DUNCANS LAMM 35
BAUERNSUPPE 37
FISCHBRUT-EIERKÜCHLEIN 39
NACHTTRUNK 40
FRUCHTTRAUM 41
BIRNENKÄUZCHEN »BELLE HELENE« 42
MARMORBRASSE AUS DER FOLIE 43
SCHOTTISCHE TORHEIT (Whisky-Schokoladenkuchen) 44
EISERNE LADY (Bloody Mary) 45

RISOTTO POSEIDON 46
FLAMMEN DER HÖLLE (Flambierte Bananen) 48
GETRÜFFELTE KAPELLEN 49

Pause a la Verdi
PASTETCHEN BUSSETO 52
LASAGNE »VERDI« 54
SALON DER GRÄFIN MAFFEI (Vanille-Violinschlüssel) 56
RÄUCHERHERING »LONDONER RAUCH« 58

Zweiter Akt
MOKKA-HEXEN (Windbeutel mit Creme) 62
SCHMORBRATEN IN »RABENBLUT« 63
LADY-SELIGKEIT (Sahnedessert mit roten Früchten) 65
RÄUCHERLACHS MIT DILLBUTTER 66
FONDUE BOURGUIGNONNE 68
BANQUOS GEIST (Fruchtsalat) 69
BLUTIGE LOCKEN (Spiralnudeln) 70
OCHSENBRATEN MIT KARTOFFELN
    UND SARDELLEN 71
OSSO BUCO MIT SAFRANRISOTTO 72
BLUTPUDDING (Sanguinaccio) 74
TUTTI TROPISCHER FRÜCHTE 75

Pause auf Elisabethanische Art
STRATFORD-ON-AVON PORK PIE 79
ZUPPA ELISABETTIANA 80
KING JAMES' PUDDING 81
SAVARIN »GLOBE THEATRE« 83

Dritter Akt
HEXENKESSEL (Kürbissuppe) 88
RISOTTO MIT KATZENFISCH (Wels) 89
SEETEUFEL IN SAURER SAUCE 91
KÄSE-DIVERTISSEMENT 92
    SELLERIESCHIFFCHEN MIT GORGONZOLA 93
    CROSTINI MIT WARMEM CHÈVRE 93
    HIRTENPASTETE MIT STILTON 93

HEKATES FRUCHT (Apple Pie) 94

SATANSBRATEN MIT CURRY (Hackfleischbällchen) 95

FRUCHTHELME MIT EIS 96

APFEL-DUDELSÄCKE (Apple Scotch Bagpipes) 98

KÖNIGLICHE PANTOMIME (Bollito misto) 99

ELFENTANZ (Maismehlkuchen) 100

SCOTCH EGGS 101

Dämonische Pause

WEIßE MAGIE (Panna cotta) 104

SCHWARZE MAGIE (Mohnkuchen) 105

BAGNA CAUDA (Dämonen-Abwehr-Sauce) 106

Vierter Akt

SCOTCH BANNOCKS 110

SCHLAFWANDLER-TORTE MIT ORANGENCREME 111

HALBMONDE MIT NUßFÜLLUNG 113

LADY-HERZ (Krokant) 114

WALD-SALAT 115

WALD VON BIRNAM (Viererlei Fleisch)

    TROCKENFLEISCH VOM HIRSCH

        MIT WACHOLDERBUTTER 117

    HAMMELKOTELETTS 117

    WILDSCHWEIN IN SÜß-SAURER SAUCE 118

    PASTETE VON FASAN UND GÄNSELEBER 118

GROSSE DESSERTFUGE MIT WALDFRÜCHTEN

    THEMA: PFIRSICH MELBA MIT HIMBEEREN 120

    2. STIMME: CRÊPES MIT HEIDELBEEREN 120

    GEGENTHEMA: BROMBEEREISCREME 121

    DIVERTIMENTI MIT WALDERDBEEREN 121

    2. GEGENTHEMA MIT NÜSSEN 121

    ORGELPUNKT: GIN TONIC 122

SCONES (Englisches Teegebäck) 122

CHARLOTTE »KÖNIG VON SCHOTTLAND« 123

WEINEMPFEHLUNGEN 125

DISCOGRAPHIE (AUSWAHL) 128

Alphabetisches Verzeichnis der Rezepte

Vorspeisen, Zwischengerichte, Salate u.a.

Bagna Cauda (Dämonen-Abwehr-Sauce) 106

Bauernsuppe 37

Getrüffelte Kapellen 49

Glamis-Porridge 22

Hexenbart 19

Hexenkessel (Kürbissuppe) 88

Hexenkroketten 14

Käse-Divertissement 92

Sellerieschiffchen mit Gorgonzola 93

Crostini mit warmem Chèvre 93

Hirtenpastete mit Stilton 93

Pastetchen Busseto 52

Scotch Eggs 101

Toast à la Cawdor 22

Wald-Salat 115

Weissagungs-Salat mit Keimen 23

Räucherlachs mit Dillbutter 66

Pasta, Risottos etc.

Blutige Locken (Spiralnudeln) 70

Bucatini Lady Macbeth 30

Cabalette al pesto 34

Lasagne »Verdi« 54

Nudelsalat des Bootsmanns 16

Risotto Poseidon 46

Übeltaten der Lady (Spinatgnocchi) 31

HAUPTGERICHTE

FLEISCHSPEISEN

Duncans Lamm 35

Fondue Bourguignonne 68

Königliche Pantomime (Bollito misto) 99

Ochsenbraten mit Kartoffeln und Sardellen 71

Olla Podrida 11

Osso buco mit Safranrisotto 72

Reistrommel 17

Satansbraten mit Curry (Hackfleischbällchen) 95

Schmorbraten in »Rabenblut« 63

Spanferkel 15

Stratford-on-Avon Pork Pie 79

Wald von Birnam (Viererlei Fleisch) 117

    Trockenfleisch vom Hirsch

      mit Wacholderbutter 117

    Hammelkoteletts 117

    Wildschwein in süß-saurer Sauce 118

    Pastete von Fasan und Gänseleber 118

FISCHGERICHTE

Drachenkopf-Topf 20

Fischbrut-Eierküchlein 39

Gewittersturm (Muschelragout) 27

Marmorbrasse aus der Folie 43

Räucherhering »Londoner Rauch« 58

Risotto mit Katzenfisch (Wels) 89

Seeteufel in saurer Sauce 91

SÜSSSPEISEN UND GEBÄCK

Apfel-Dudelsäcke (Apple Scotch Bagpipes) 98

Banquos Geist (Fruchtsalat) 69

Birnenkäuzchen »Belle Helene« 42

Blutpudding (Sanguinaccio) 74

Charlotte »König von Schottland« 123

Diplomaten mit Creme 24

Elfentanz (Maismehlkuchen) 100

Flammen der Hölle (Flambierte Bananen) 48

Fruchthelme mit Eis 96

Fruchttraum 41

Große Dessertfuge mit Waldfrüchten

       Thema: Pfirsich Melba mit Himbeeren 120

       2. Stimme: Crêpes mit Heidelbeeren 121

       Gegenthema: Brombeereiscreme 121

       Divertimenti mit Walderdbeeren 121

       2. Gegenthema mit Nüssen 121

       Orgelpunkt: Gin Tonic 122

Halbmonde mit Nußfüllung 113

Hekates Frucht (Apple Pie) 94

King James' Pudding 81

Königskrone 28

Lady-Herz (Krokant) 114

Lady-Seligkeit (Sahnedessert mit roten Früchten) 65

Mokka-Hexen (Windbeutel mit Creme) 62

Salon der Gräfin Maffei (Vanille-Violinschlüssel) 56

Savarin »Globe Theatre« 83

Schlafwandler-Torte mit Orangencreme 111

Schottische Torheit (Whisky-Schokoladenkuchen) 44

Schwarze Magie (Mohnkuchen) 105

Scones (Englisches Teegebäck) 122

Scotch Bannocks 110

Scotch shortbread (Teegebäck) 22

Tutti tropischer Früchte 75

Weibesbrüste (Cremegebäck) 33

Weiße Magie (Panna cotta) 104

Zuppa Elisabettiana 80

GETRÄNKE

Eiserne Lady (Bloody Mary) 45

Geist der Unterwelt (Cocktail) 26

Nachttrunk (Kräutertee) 40

The Golden Round (Orangencocktail) 32

Titel der Originalausgabe:
Le Ricette di Lady Macbeth – Verdi e Shakespeare in cucina

Die Deutsche Bibliothek – CIP-Einheitsaufnahme

Attardi Anselmo, Francesco:
Die Rezepte der Lady Macbeth : Verdi und Shakespeare in der
Küche / Francesco Attardi Anselmo ; Elisa DeLuigi. [Aus dem Ital.
von Hinrich Schmidt-Henkel]. – Frankfurt am Main : Eichborn, 1999
    Einheitssacht.: Le ricette di Lady Macbeth ‹dt.›
    ISBN 3-8218-1529-9

© 1997 Publigold S.r.l.-Milano
© für die deutsche Ausgabe:
Eichborn GmbH & Co. Verlag KG, Frankfurt am Main,
September 1999.
Umschlaggestaltung: Moni Port.
Layout: Cosima Schneider.
Illustrationen: Moni Port.
Lektorat: Palma Müller-Scherf.
Gesamtherstellung: Fuldaer Verlagsanstalt GmbH, Fulda.
ISBN 3-8218-1529-9

Verlagsverzeichnis schickt gern:
Eichborn Verlag, Kaiserstr. 66, D-60329 Frankfurt
www.eichborn.de

Ein musikalisch–
kulinarischer Leckerbissen

Festmahl für Papageno
Italienisch kochen nach Mozarts Zauberflöte
von Francesco Attardi Anselmo und Elisa de Luigi
Aus dem Italienischen von Hinrich Schmidt-Henkel
Mit Illustrationen von Moni Port
136 Seiten
Schön ausgestattet und Halbleinen gebunden
DM 44,–
ISBN 3-8218-3481-1

*F*estmahl für Papageno ist ein Fest für die Sinne:
Liebevoll gestaltet, verführt das Buch dazu, eine der
beliebtesten Opern nun auch kulinarisch zu genießen.
Das »phantasievolle Kochbuch für Musikliebhaber«
(General-Anzeiger) bietet feine Gerichte und Rezepte
zu Musik und Szenen im opulenten Halbleinenband.
Die Gerichte entstammen überwiegend der italienischen Küche: Windbeutelpyramiden, türkischer Baba
für Sarastro, Omelette Surprise Pamina – »so weiß
wie Kreide« – oder Filet in Blätterteig zur Schweige-
prüfung von Tamino und Papageno. Die Rezepte
sind leichtnachzukochen und ganz nebenbei erfährt
man vieles über Details, Hintergründe und Symbolik
dieserletzten Oper Mozarts.

Eichborn.
Kaiserstraße 66
60329 Frankfurt
Telefon: 069 / 25 60 03-0
Fax: 069 / 25 60 03-30
www.eichborn.de

Wir schicken Ihnen gern ein Verlagsverzeichnis.

Ein Fest
für die Sinne

Das erotische Kochbuch
Herausgegeben von Gertrude Fein
und dem Tigerpalast
Mit zahlreichen Illustrationen von Moni Port
166 Seiten
Gebunden in nachtblauen Samt
DM 49,80
ISBN 3-8218-1474-8

Langusten und Hummer, Lamm mit Aprikosen, gesottenes Ochsenfilet, schwarze Nudeln und Himbeersoufflé zu literarischen Texten von François Villon über Thomas Mann bis Fay Weldon: Im Erotischen Kochbuch geht »Erotisches und Kulinarisches, das ja sowieso ohne einander nicht auskommt, eine köstliche Verbindung ein, ohne aufdringlich zu sein« (Hamburger Abendblatt). »Die Zusammenstellung von erotischen Texten der Weltliteratur mit exquisiten Rezepten ist mehr als gelungen… Der Band ist liebevoll illustriert, schon der Einband – dunkelblauer Samt – befriedigt den Tastsinn. Ein in vieler Hinsicht anregendes Buch!« (NDR) »Literatur, Essen und Erotik: Ein echter Hochgenuß!« (Freundin)

Eichborn.
Kaiserstraße 66
60329 Frankfurt
Telefon: 069 / 25 60 03-0
Fax: 069 / 25 60 03-30
www.eichborn.de

Wir schicken Ihnen gern ein Verlagsverzeichnis.

Trinken
in seiner schönsten Form

Das literarische Barbuch
Herausgegeben Gerald Sammet
Mit zahlreichen Illustrationen
von Otto Dzemla
240 Seiten
Gebunden in rotem Samt
DM 49,80
ISBN 3-8218-1531-0

Man nehme eine ausgeflippte Geschichte von
T.C. Boyle, gebe eine Prise bösartigen Jörg Fauser
hinzu und lasse diese beiden Storys absacken.
Anschließend menge man einen Spritzer Raymond
Chandler bei. 23 berauschende Texte der
Weltliteratur, dazu 79 berühmte Cocktail-Rezepte,
versammelt dieser wertvoll ausgestattete und
illustrierte Band.
»Eingeschlagen in roten Samt ist das literarische
Barbuch schon rein äußerlich ein besonderes
Vergnügen. Und erst der Inhalt: Wir trinken Wodka
mit Tom Wolf, Cuba Libre mit Ernest Hemingway«
(MAX), ...aber auch mit Djuna Barnes, Robert
Gernhardt, Flann O' Brien und anderen.

Eichborn.
Kaiserstraße 66
60329 Frankfurt
Telefon: 069 / 25 60 03-0
Fax: 069 / 25 60 03-30
www.eichborn.de

Wir schicken Ihnen gern ein Verlagsverzeichnis.